古代歷史文化 研究輯刊

三一編

王明蓀 主編

第27冊

民俗雕版木刻研究
（第一冊）

鄧啟耀 等著

國家圖書館出版品預行編目資料

民俗雕版木刻研究（第一冊）／鄧啟耀 等著 -- 初版 -- 新北市：
花木蘭文化事業有限公司，2024〔民113〕
目 8+224 面；19×26 公分
（古代歷史文化研究輯刊 三一編；第27冊）
ISBN 978-626-344-679-3（精裝）
1.CST：版畫 2.CST：民俗 3.CST：研究考訂 4.CST：中國
618   112022541

ISBN-978-626-344-679-3

9 786263 446793

古代歷史文化研究輯刊
三一編　第二七冊　　　　　　　ISBN：978-626-344-679-3

民俗雕版木刻研究
（第一冊）

作　　者　鄧啟耀等
主　　編　王明蓀
總 編 輯　杜潔祥
副總編輯　楊嘉樂
編輯主任　許郁翎
編　　輯　潘玟靜、蔡正宣　美術編輯　陳逸婷
出　　版　花木蘭文化事業有限公司
發 行 人　高小娟
聯絡地址　235 新北市中和區中安街七二號十三樓
　　　　　電話：02-2923-1455／傳真：02-2923-1452
網　　址　http://www.huamulan.tw 信箱 service@huamulans.com
印　　刷　普羅文化出版廣告事業
初　　版　2024 年 3 月
定　　價　三一編 37 冊（精裝）新台幣 110,000 元

民俗雕版木刻研究
（第一冊）

鄧啟耀　等著

作者簡介

鄧啟耀，中山大學社會學與人類學學院榮休教授，續任廣州美術學院特聘教授及視覺文化研究中心主任，博士生導師。國家社科基金重大項目「中國宗教藝術遺產調查與數字化保存整理研究」首席專家。研究專長為視覺人類學和民間藝術。出版《宗教美術意象》《民族服飾：一種文化符號》《中國神話的思維結構》《巫蠱考察：中國巫蠱的文化心態》《視覺人類學導論》《我看與他觀：在鏡象自我與他性間探問》《非文字書寫的文化史》等。

參撰：熊迅、鄧圓也、陳丹、王曉青、黃韌、杜新燕、區海泳、李文、潘宇萍、周凱模、陳達理、李陶紅、張銘雪、陳少雅、歐丁

攝影：鄧啟耀、熊迅、鄧圓也、陳丹、王曉青、范炳堯、黃韌、杜新燕、區海泳、李文、潘宇萍、周凱模、陳達理

提　　要

民俗雕版木刻作為一種木刻紙印的紙墨作品，本不為在世間發表、收藏和傳之永久，卻幾百年上千年地「活」在民間，歷經劫難依然不滅。這該是因了對大地的敬畏，對蒼天的敬畏，對傳統的敬畏？風和火在這裡留下痕跡，歷史在這裡留下痕跡，中國老百姓傳統的精神世界，在這裡留下痕跡。

它們與文字一樣，各自發揮著「寫／繪文化」、表述觀念意識，影響社會生活的作用。但比文字更多一重價值的是，它們用形象呈現了文字無法呈現的圖像。這些圖像不是視覺可見的一般表象，而是伴隨了中國人千百年、植根於人們內心深處的文化心理意象。它們滲透在中國人的精神世界中，化合為民俗，影響著人們的意識和行為。

它們又是「藝術」地呈現的，民間藝人們以刀為筆，直刻向木，不拘一格，創造了一種和學院藝術完全不同的工藝傳統和美學風格，是與西方藝術、中國文人藝術並列的「第三造型體系」。

本書基於作者三十餘年的田野考察，不僅有較為齊全的圖像資料（本書使用不同「版本」的民俗雕版木刻作品及田野考察現場照片約 2900 幅），還有雕版木刻在民俗現場使用的田野考察實錄（圖片說明和調查研究文字約 50 萬字）。僅就近於「大全」這個特色，本書也將具有長版書的效益。

國家社會科學基金重大項目「中國宗教藝術遺產調查與數字化保存整理研究」成果（項目編號：11&ZD185）

廣州美術學院科研平台「視覺文化研究中心成果（項目編號：22PCT02）

目

次

導言　風火留痕：民俗雕版木刻 「文獻」敍述的心靈野史

　　雕版印刷技術及其紙質、布質印刷品，作為使文圖信息得以在更大範圍傳播的輕型媒介，是文明中國的重要文化遺產之一。活字印刷術發明之後，整塊的雕版印刷大多限於圖像印製，如神像、經文插圖、繪本小說以及和民俗活動相配的年畫、門神、圖文合一的福壽貼字等意象符號，它們已經成為傳統文化中最顯眼也最流行的「中國元素」。這些作品，因為印製的目的在於保存和傳播，所以知道的人較多，有關它們的記述和研究也比較豐富。

　　另一種用木刻雕版印製在紙上的隨祀物，一般用後即燒了，或置於荒山野嶺隨風而化，張貼的也不能持久，民俗活動或祭祀儀式完成後，大多即隨著山風野火、日曬雨淋而化解、消散、無影無蹤。所以歷史上幾無留存，頂多傳下一些雕版和少量個人收藏品，年代大致不過明清期間。因是鄉野俗祀，古代文獻雖有記述，但混雜在地方民俗記敍中，偶有提及，只寥寥數語，更難見圖像的披示。然而，這類圖像文獻，不因正史缺乏記錄就不存在，相反，它們不僅存在於歷史裏，也「存活」在現實中。它是一種活態的「文獻」，需要在田野中「閱讀」。所以，本研究使用的方法除了類型學和圖像文獻學的歸類與圖像分析，亦特別強調人類學田野考察的方法。

　　在諸神並列、多民族雜處的地區，這類版畫所刻的神鬼異物，幾乎無所不有。從天公地母、日神月精、龍王怪獸、神佛仙道、帝王將相，到祿神財爺、灶君祖靈、喜神喪神、瘟司蠱煞、陰兵刀鬼，應有盡有，幾乎集儒、道、佛、巫及本土民間信仰的所有神靈聖賢、精怪鬼魔於一方土紙之中。凡四時八節、生老病死、獵耕漁樵、衣食住行，莫不可擇其所需，請來神靈的化身──紙

馬印符，充當迎生送死、驅瘟沖喜、消災祈福的工具，成為人間向天界冥府通達信息的「乘騎」。

這些紙馬，在使用方式上，有的用於張貼供奉（如灶君紙），有的用於祭祀焚化（如驅瘟攆鬼送冥的各種紙馬），有的用於懸掛飛撒（如藏傳佛教信眾的「風馬」和「隆達」）；在儀式功能上，有的用於求吉（如財神紙、福祿壽紙、喜神紙、轉運紙等），有的用於傳信（如功曹符使、槓神、挑夫、舡公、欽馬紙等），有的用於巫術或反巫術活動（如用於放蠱的甲馬紙及各種蠱靈紙，以及專門殺「蠱」的「蠱神」紙馬。這類紙馬所刻圖像，有的手握蛇，身旁大樹樹孔冒氣；有的身披戰袍，手持兵器，正奮力擊斃一物）。還有的紙馬用於召魂（如勾魂紙、追魂紙、贖魂紙等）。人病了，被認為是得罪了某神，從而被神勾走了三魂七魄中的某些魂魄。要招回失落的魂魄，需用豬、牛、羊去贖，或者泥塑木刻的人像做「替身」。這最早可能源於一種原始的巫術活動（人祭），到後來替身難找，就用畫來代替，這類紙馬也便應運而生。

這類木刻紙印的紙墨作品，本不為在世間發表、收藏和傳之永久，卻幾百年上千年地「活」在民間，歷經劫難依然不滅。這該是因了對大地的敬畏，對蒼天的敬畏，對傳統的敬畏？風和火在這裡留下痕跡，歷史在這裡留下痕跡，中國老百姓傳統的精神世界，在這裡留下痕跡。

它們與文字一樣，各自發揮著「寫／繪文化」，表述觀念意識，影響社會生活的作用。但比文字更多一重價值的是，它們用圖像呈現了肉眼不能看到、文字無法呈現的靈界形象。這些圖像不是視覺可見的一般表象，而是伴隨了中國人千百年、植根於人們內心深處的文化心理意象。它們滲透在中國人的精神世界中，化合為民俗，影響著人們的意識和行為。

它們又是「藝術」地呈現的，其來源於生活的質樸和富於想像力的畫風，曾令魯迅等讚歎不已。民間藝人們以刀為筆，直刻向木，不拘一格，創造了一種和學院藝術完全不同的工藝傳統和美學風格，被譽為與西方藝術、中國文人藝術並列的「第三造型體系」。

民俗雕版木刻具有文化、歷史、藝術等多重價值，是中國非物質文化遺產的重要內容。

我在雲南、貴州、西藏、青海、內蒙古、新疆和廣東等地參加了多次與民生民俗相關的民間法事和廟會，親眼見這些可愛的版畫，或在儀式過程中，被牧民撒得漫天飛揚；或在神山聖湖和村口路邊，懸掛五顏六色的「風馬旗」，

營造讓人震撼的大地藝術；或在門頭灶壁張貼門神灶爺，請神靈護持家宅庭院；或根據儀式所祀之需裝滿一簸箕各種不能招惹的邪靈怪神，隨著法師先生的喃喃咒語和揮舞的寶劍，抹上雞冠之血，在烈火中化為黑色的紙爐隨風飛揚。我身臨其境，親眼目睹人們是如何花錢耗時，小心翼翼、恭恭敬敬地從事這些看去「荒誕」的活動。

當我用幾十年時間，在田野現場細細「翻閱」，在參與觀察中親身「體認」，這些由刻本、儀式和人的行為整體構成的視覺文獻，豁然向我打開了一部非文字書寫的心靈野史。它們敘述著一個個關於人與自然、人與超自然和人與人的恩怨故事，記錄了人們關於前世因果、今生追求、來世夢想的社會意識，反映了民間哲學裏關於宇宙結構、人性善惡、生命與靈魂歸宿等終極問題的思考。

一、宇宙觀：自然和超自然

人類對所處世界的認知，始於遠古時代。當人開始仰望星空，思考天地怎樣形成，人和萬物來自何方等問題的時候，人和動物的距離就已經大大拉開了。關於開天闢地、宇宙形成、萬物起源、時空（宇宙）結構等的神話，是世界各民族宇宙觀表述的最初版本。

在直觀可見的自然世界清晰觀察，準確行動，是每種動物為了生存與生俱來的本能和能力。但是，試圖「看」到自然之外的超自然存在，探問表象世界後面的精神世界，卻是人之為人的一個重要標誌。這種探問的結果，就是作為人類文明精華的神話、宗教、哲學、藝術等等的誕生。

圖像是對可見世界的描摹，也是對不可見世界的可視化呈現。民俗雕版木刻表現的神靈系統，其實就是人們對於自然世界的靈性化描繪，對於超自然世界的人性化建構。

1. 自然世界的靈性化描繪

自然崇拜是人類最早，也最為常見的原生宗教之一。日月星辰規律性的運行，山川海洋秘不可測的力量，生命萬物千姿百態的存在，都顯示著令人驚歎的造物奇蹟。屈原《天問》裏的那些問題，其實是他之前的古人們，通過神話、古歌、祭儀等方式探問之問題的集萃。這些問題，幾千年後仍然沒有完全得到解答。在民間遺存的各種節日、儀式、傳說，以及文字的和圖像的文獻中，在哲學、宗教和科學研究裏，人們還在繼續探問。

　　自然崇拜也是民俗雕版木刻使用者的主要信仰基礎。基於某種「萬物有靈」的意識，在民俗雕版木刻的神靈系統中，天地、日月、星辰、山川、植物、動物等都可能靈性化，被賦予神格。在民俗雕版木刻的神靈系統中，幾乎自然世界一切可見的事物，都被靈性化了。

　　人們對太陽的感情，體現在與四季農事牧事相關的祭禮上。春陽之祀一般在立春日或春分日舉行，如雲南鶴慶白族在春分日中午，要上螺峰山去「賽會」「獻日」，祭春天的太陽；夏陽之祀多在立夏日或端陽節舉行，傳說立夏日是一年中太陽賜光最多的一天，端陽則是一年陰陽交會的節點；秋陽之祀以立秋日或中秋節較多，此時穀物吸足日精陽氣，秋收在望，人們以新熟的瓜果祭祀為人們慷慨獻熱的日神；冬陽之祀在農曆冬月十九日「太陽星君」誕辰，要以素食祭日，準備冬藏。民間認為太陽屬陽，它的靈性化身是金烏或朱雀。太陽上有宮殿，住著一些仙人，其主管叫「太陽星君」，有鳥相伴。民俗雕版木刻紙符，描繪了日宮、日光和太陽星君的模樣。

日宮。雲南祥雲

太陽。雲南保山

日光。雲南巍山

日。廣東廣州

　　比起把月亮和狼人、女巫之類聯繫在一起的習慣，中國人對月亮有更多美好的想像。月宮住著寂寞的美女嫦娥，陪伴她的只有一棵桂樹，一隻總是在搗藥的玉兔，以及一位似與嫦娥無緣而總在砍樹的吳剛。由於月亮屬陰，它的靈性化身便是一隻生活在陰濕之地的癩蛤蟆。祭祀月亮的節日叫「太陰會」，一年兩次，一次在農曆正月初六，新月初升之時；一次在農曆三月十三日，新月將圓之際。雲南昆明西山區彝、白、漢等民族做「太陰會」時，要在月升之夜，由婦女主祭。人們認為甘露為月所生，萬物得以滋潤。祭文強調：「混沌初開即有我」，和太陽分工合作對乾坤晝夜輪流照耀，「陰陽配合重建順」。

月光。雲南巍山

月宮。雲南騰沖

月宮。雲南祥雲

月。廣東廣州

　　仰望星空，是宗教、哲學和科學誕生的起點，古今中外，概莫能外。對星辰的觀察和崇拜，不同文化有不同的表述。在中國，星斗是道教觀察天象預測世事的主要對象，也是民間常常用來推斷福禍吉凶的依據之一。人們相信，天

上的每一個星宿都是一位神，稱為「星君」，如「火德星君」（火星）、「水德星君」（水星）等；而每人每年都有一位星宿值年，尊稱「太歲」，是最不能惹的那位。紙馬對這些星君都有描繪。

對星星的禮拜，民間比較有名的是對星斗和牛郎織女星的祭祀。星斗主要指北斗七星和南斗六星。按照具有道教色彩的傳統思維習慣，所祀當為五斗星君，即主解厄的北斗星君、主延壽的南斗星君、主護命的東斗星君、主護身的西斗星君和主保命的中斗星君。民間敬奉較多的，是南北兩斗，因中國民俗認為「北斗主死，南斗主生」。雲南一些民族的朝斗會，分別是：正月二十五、二十六、二十七三日朝東斗；六月初一到初六日朝南斗；九月初一到初九日朝北斗。牛郎織女星在民間有很多傳說，大都與愛情有關。由於所祀有織女，織女以心靈手巧著稱，所以這一天也就成為婦女「乞巧」的節日。除此之外，還有一些凶星，如列曜十一星之羅睺星，在天上因與日、月、星運動方向相反，掩襲了其他星辰而被稱為「蝕星」。民間有「天犯羅睺日月無光，地犯羅睺寸草不生，人犯羅睺九死一生」的說法，可見其厲。此星象可能與來自印度曆象九曜星之一的羅睺羅星有關。由於貪婪，它吞下了太陽和月亮，引發日月虧蝕。藏傳佛教將其視為法界之火羅睺羅神，通過喚醒人們無畏的覺知，「進入絕妙的黑暗世界，這些殘暴力量就變成了轉生之力。」〔註1〕

日月星斗天地人三才。雲南保山

北斗星。清，雲南騰沖

〔註1〕（尼泊爾）洛米奧‧什雷斯塔繪，伊恩‧A‧貝克撰文，向紅笳譯：《世界最美的唐卡》第一卷「佛和神的世界」。甘肅人民美術出版社2012年版，第44頁。

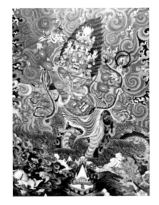

羅猴。雲南騰沖　　　　　羅睺。雲南騰沖　　　　羅睺羅神。藏傳佛教唐卡
〔註2〕

　　其他自然現象，只要對人有影響的，都會被列入天象之神，如風伯、雨師、雷公、電母、雹神、虹神或霞神、水汗（音 gan）之神等。它們對人世也有不同的影響，如風伯雨師呼風喚雨，其適度與否，對莊稼、牧場、房屋等影響很大；雷公電母除了和風伯雨師相配，還會在某種程度上擔任道德裁判，對嚴重失德的人天打雷劈；冰雹最損莊稼，所以農村常祭雹神；而虹神主傷人眼睛，彩虹出現的時候不可直指，不然會眼睛疼。

風伯雨師。清至民國，雲南　　　雷神。雲南大理
騰沖

〔註 2〕（尼泊爾）洛米奧·什雷斯塔繪，伊恩·A·貝克撰文，向紅笳譯：《世界最美的唐卡》第一卷「佛和神的世界」。甘肅人民美術出版社 2012 年版，第 45頁。

霞神。雲南騰沖　　　　水汗之神地。水汗之神也呈
　　　　　　　　　　　現為彩虹。雲南巍山

　　大地上的萬物對人的影響最為直接，舉凡山川河流、動物植物，和人發生的關係最為緊密。特別是對土地神的供奉，在華南地區，最為普遍。很多人家家門口、村口和寺廟進門一側，皆專設土地公的位置。但凡耕田種地、修房建屋，或是喪葬埋人、清明祭山，只要動了龍脈地氣，便要祭獻山神土地、土公土母或田公田母等，舉行「謝土」儀式。如果挖礦取土、上山打獵、砍柴、採藥，還會配祀青山老祖、岩神、樹神等。

山神。雲南騰沖　　　　岩神。雲南德宏　　　　青山老祖。雲南巍山

山神土地。雲南巍山　　土地正神。雲南騰沖　　土公土母。雲南大理

土科。清，雲南騰沖　　　坐（座）土。雲南騰沖　　　飛土。雲南騰沖

山林草木之神。雲南大理　　　感應樹王。雲南昆明

樹木之神。雲南巍山　　　樹神。雲南保山

　　水是農業的命脈。水可潤物，也可成澇。農業大國對水的依賴特重，關於水的治理和控制，由此成為所謂「亞細亞生產方式」和集權控制的基礎，作為水神的龍也成為最高權力的象徵。在民間，關於水資源的爭奪、水的分配、水的祭祀，亦形成了一套完整的鄉規民約和信仰民俗。水依地而變，更因勢而萬

變，形成江河湖泊溝渠海洋等不同形態。水性，自古以來最難琢磨。所以，對水神的定性，也是最不確定的，如同多變的龍。在民間，它們的形象，會因它們的作為而有所不同。如果某地風調雨順，這個地方的龍就是好龍；如果久旱不雨，則是龍神失職；如果湖海興風作浪、江河泛濫成災、雨水洪澇無度，便是惡龍作怪。以農業為命脈或以捕撈航運為生的族群，在水的問題上最為小心，不能亂堵亂放，不能弄髒了水源。

水神。雲南大理

河伯水神。雲南大理

巡海夜叉。雲南昆明

水府龍王。雲南大理

龍王。雲南巍山

芭蕉龍。雲南大理

大黑龍王。雲南大理

龍神。雲南保山

白龍蒼龍財龍。雲南巍山

四海龍王。雲南昆明

2. 超自然世界的人性化建構

對於超自然世界的想像，遍在於人類的不同信仰體系和文化傳統之中。

人類對世界最初的認知，如同兒童認識發生的情形一樣，是擬人化的。在上古神話、原始宗教和民間信仰裏，隨處可見關於自然萬物有行（行為，包括非生物類），萬物有思（思考、判斷甚至言說），萬物有靈（性靈和靈魂）的描述。在這樣的意識下，自然萬物包括無生命的石頭、天體，都被人格化和靈性化了。

一般而言，對於自然世界的可見事物，人們相對比較容易摸到規律。但對於飛來橫禍、莫名病痛等類難以意料之事，人們往往把它們歸咎於一種超自然力量的影響；對於非肉身可知或非人力所及的事物，人們也常常給予了各種超自然控制力的說辭。

「靈」，是人類對超自然存在的獨特想像。相對於自然實體事物而言，「靈」屬於一種虛幻而又無所不在的事物，如靈相對於肉、靈遍在於萬物、神靈鬼靈作用於人、魂靈是人的內在支撐，等等。

人自身就是一個謎。關於生我之前我是誰，我死之後到哪去的疑問，一直是困擾人類的終極問題之一。由此而引發了宗教、哲學等領域持續數千年的各種討論。無論是神靈造人說、輪迴說還是轉世說，都把生物學意義的人的自然生死，歸結到某種超自然的控制力量那裏。由於不可知的「前世」所積「因果」，同樣不可知的此生所造的「業」，將經歷的「關煞」，也是在某種超自然的支配和影響下遭遇。這些自己不可控的因素很多，比如因不同出生時間而具有不同

生辰八字的人，可能遭遇不同的關煞；某人命相如果與某個星相衝犯，則運程不順，易遭天災人禍，或是家事不和，體弱多病，都可能是遇到了不好的「關口」；懷孕生子本是人的生理行為，但過去不可預見的風險很多，於是需要祈求超自然力量，請送子觀音送子、子孫娘娘護胎順產，如果出現流產或難產，會被認為是撞到了血腥亡魂，就要祭祀「五鬼血光」「血腥亡魂」「血湖主君」或「血神之神」，燒血神紙符退送；初生嬰兒，前程未卜，需要提前為他做「過關」儀式，以象徵性的方式度過未來可能遇到的數十道關厄；成人遭遇不測或被預言到可能出現麻煩，要做「順星解厄」儀式；即使去世，亡靈前往另外世界，也還有許多關煞要過。這些關煞，似是某種超自然的存在，卻又按人所在社會的模板，模擬出它們的狀態。

血腥亡魂。雲南巍山　　　　　血神之神。雲南大理

置於神壇側面的「過關」紙符，下方用鐵鍊吊著的去底的木甑，讓嬰兒從甑內穿過，表示過關。雲南巍山彝族回族自治縣，2016，鄭巍巍攝

　　神靈和鬼靈，是人以自己為模特兒，塑造出來的超自然幻化形象，投射著人類社會的身影。比如，道教的神靈鬼怪世界，其社會化的程度，基本就是中國傳統社會結構的翻版。諸神有明確的尊卑位序，各司其職，監管著社會生活的所有方面，具有不可置疑的權威；眾鬼多是底層邊緣群體的寫照，經常犯上作亂，引發災禍，需要施法鎮壓。佛教的「十法界」，從餓鬼畜生到諸天菩薩，階序分明，同樣烙印著印度種姓制度的痕跡。傳入中國後，也被沾染了某些世俗團體的習氣，如奢華（造像穿金戴銀、珠光寶氣）、賄賂（燒高香捐功德可得如願回報）之類。民俗雕版木刻描繪了它們的模樣。

玉皇上帝。清，雲南騰沖　　靈官馬元帥。清至民國，雲南騰沖　　玄壇趙元帥。清至民國，雲南騰沖

三世佛。雲南昆明　　　　　地藏王菩薩。雲南大理

圓通教主，觀音大士。雲南大理　　　大黑天神。雲南大理

關於「魂」或「魄」，是人們對自我肉身軀體內部存在物的想像，它們主導著生命的存在狀態。一般認為，人體裏有多個魂魄，如漢族認為人有三魂七魄，基諾族認為男人有九魂，女人有七魂，怒族更是認為人體的各部分都有不同的魂（頭魂、眼魂等等）。如果受到驚嚇、衝撞了邪穢之物，或是不懷好意的人用攝魂巫術謀害，就會失落一些魂魄，導致病痛、瘋癲甚至死亡。解決的辦法就是請法師占卜瞭解失魂落魄的原因，然後有針對性地叫魂。由此延伸到其他物種，也同理對待。如穀物歉收，如果占卜顯示是穀魂走失，就要舉行叫穀魂儀式。配合叫魂儀式的民俗雕版木刻，有勾魂、追魂、驚駭之神、迷神、夜遊神或遊司、黑煞三老總爺和黑煞三郎、白鶯太子、送魂使者、催魂童子等。

這個拘（勾）魂的大神滿臉刺一樣的鬍鬚，一手抓著一個人的頭髮，一手牽著繫住人的一根線，這些都應該是他勾住的魂魄。清末，北京〔註3〕

〔註3〕引自蕭沈博客：《俗神》（圖為日本人20世紀初收藏）http://xiaochen.blshe.com/post/78/503808，2010,2,11。

驚駭之神。雲南巍山　　　迷神。雲南大理　　　　遊司。雲南騰沖

黑煞三郎。雲南大理　　黑煞三老總爺。雲南巍山　　白鶯太子。雲南巍山

追魂。雲南騰沖　　　崔（催）魂童子。雲南昆明　　送魂使者。雲南保山

二、人生觀：民生的常識與人生的夢想

民俗藝術的本質特徵，一是「民」，二是「俗」。

「民」就是老百姓。民生是社會之本。過日子，老百姓最基本的需求是吃飽穿暖，也就是民之日常生活。怎樣謀生，則涉及不同地區不同族群人們的生計模式。

　　「俗」主要指習俗。習俗是一種在特定社會文化情境中，長期形成的生活慣習和社會俗尚。包括吃飯穿衣、生老病死之類生活習俗，包括農工商漁之類謀生習俗，也包括拜神訪靈的信仰習俗。

1. 民生的常識

　　談民生，沒有大話空話可說，只有基本常識。這就是老百姓能否吃飽飯，穿暖衣，住得怎樣，能行多遠，是否快樂。當然，還有涉及生、老、病、死等普遍問題，涉及尊嚴、安全、幸福等基本權利。

　　民生的保障，自古以來，老百姓就明白，靠不了官，更不靠皇帝。要謀生，只有靠自己。但在天災人禍泛濫，民生很難得到保障的時代，人們只有把希望和祈願寄託在渺茫的神靈世界。在和人們生計息息相關的領域，人們想像有一種超自然的力量存在，具體體現為文化英雄與行業神類崇拜。這些神靈，包括與狩獵有關的獵神，與畜牧有關的水草廄神，與農事活動有關的田公地母、五穀之神，與漁業有關的龍王、媽祖等，與建築有關的魯班、張魯先師、木神、土神等。

　　直接獵取野生動物，是人類最早的謀生行為。直到近代，一些居住在山林中的民族，狩獵還是肉食的一個補充來源。隨著人類對動物馴化技術的提高，養殖和畜牧成為許多民族重要的生計模式。即使在以農業為主業的地方，家畜和家禽的養殖依然不可或缺。「五穀豐登，六畜興旺」，是民間最為常見的祝詞。而作為農業大國，關於農神的祭祀，更是貫穿於一年四季。春祈、夏禱、秋報、冬養，皆有各種祭禮。農神的職能和分工也比較細緻，如立春前後春官執木刻春牛紙馬挨家挨戶「說春」發木刻春帖，在栽秧、串田、火把節、吃新穀和老鼠咬穀時祭祀的田公地母，總管五穀的五穀之神、五穀太子，專司儲糧的倉庫之神，自古以來，有關農事的四時八節及其各種形式的祈報活動，不僅流行於民間，皇室官府也極為重視，常親臨設祭。稷神之祭和社神之祭同為百祭之首，「社稷」成為國家的代稱，足見農業的重要位置。農神祭與農事活動緊密對應，多與時令、節氣和物候變化相關，並通過某些特定象徵物象來展示。

獵神。雲南德宏

捲（圈）神。雲南騰沖

六畜糞神。雲南大理

田公地母。清，雲南騰沖

五穀之神。雲南大理

木神。雲南騰沖

張魯二班先生之神。雲
南大理

2. 人生的夢想

　　祈福求財是中國民間祭祀中最普遍的活動，它反映了人們對幸福的理

解，或者對生存基本需求的奢望。福是什麼？從民俗雕版木刻及其相應祭祀活動中，我們可以看到，在權力決定一切的社會，福的保障是代表社會地位的「祿」，福的基礎是物質的「財」，然後是延續家族繁衍和個人生命的「子」和「壽」。

勤勞務實的中國老百姓不大習慣談夢想，要夢也都是做很「俗」的夢，例如升遷、發財、討媳婦之類。陞官發財、吉祥如意、平安和睦、子孫興旺，是老百姓使用頻率最高的祝詞禧語。這與缺什麼夢什麼的心理定式相關。所以，如果福、祿、壽、財、喜「五福」或福、祿、壽、財、子「五福」齊全，就是中國人心目中現世的幸福。

五福大神。雲南保山

有福，受祿，享壽，是中國人的人生極致。有福祿而無壽為夭折，有壽而無福祿為苦命。「福如東海」、「祿享千鍾」、「壽比南山」，成為祈福祝壽儀式中必有的祝語。與此相應的，是三位一體的福神、祿神和壽星，以及衍生的各種好神，如「祿馬」之類。當然，老百姓也明白，權力永遠只能是極少數人能夠佔有的，所以，不敢奢望有「祿」，但得「福壽」，也算是「雙全」之福了。在廣東，不求仕途之「祿」而求子孫興旺的「子」，應該是務實的廣東人心態的一個反映。對於重視宗族力量，直到現在還保留了大量宗祠的廣東人來說，「祿」雖好，但畢竟「天高皇帝遠」，攀附的可能性沒有「子」那麼實在。所以，在別的地方已經十分順口的「福祿壽」，到了粵地就成了「財子壽」，也算是一種地方特色。

福壽雙全。晚晴民國，蘇州桃花塢年畫，
南京博物院展品

財子壽。廣東廣州

　　財神，是窮怕了的中國老百姓拜得最多的大神。在民俗雕版木刻的神靈系統中，財神的種類也比較多，有文財神、武財神、招財童子、利市仙官、財公、財母、財龍、增福積寶財神、招財進寶財神、招財送寶財神、玄壇趙元帥以及手下的招寶、納珍、招財、利市四神、金錢虎、聚寶盆、觀音金、土地金、關帝金、太極金、蓮花金、財神金、旺財金、發財金、八路財神金、正興隆寶、天官財寶，等等，是一個龐大的系統。民俗雕版木刻對他們的描繪，多是套色的，即使單色也用紅紙或彩色紙印製。除了這些專職的財神，一些神佛也會兼職布施或借貸錢財。比如廣東某地，每當農曆正月二十五這一天晚上十一點鐘到正月二十六日開始時，是「觀音開庫」的時間。在這一天，人們會帶著「觀音」「貴人」「祿馬」等紙符、紙錢和祭品，向觀音許願和借錢。如果這一年發財了，說明借錢成功，要帶著祭物來還願。無論是許願還是還願，人們都會燒化大量金方銀方，以此虛擬的錢財換取真實的錢財。除了現世求財，人們對來世也有安排。每年清明節、中元節和去世親友的忌日，人們要舉行掃墓、祭拜等活動。在舉行儀式時，都要配用各種以金銀紙箔製作的元寶、紙錢、冥幣以及紙紮的別墅、豪車、電器等，供被祭拜者在冥界消費。有前瞻性更好的，還會偷偷為自己燒化一些冥幣，說是存在冥府銀行等過世後使用。

財神。雲南巍山　　　　財神。雲南保山　　　　招財童子、利市仙官。雲
　　　　　　　　　　　　　　　　　　　　　　　　　南巍山

招財進寶。雲南昆明

招財進寶、四季興隆。晚　　金錢虎、聚寶盆。蘇州桃花塢年畫。晚晴民國，南京博
晴民國，蘇州桃花塢年　　物院展品
畫，南京博物院展品

招財送寶。河南開封朱仙鎮年門畫。開封博物館年畫展廳展品

燒香拜祭觀音，請其開庫借錢。廣東順德容桂，2016，鄧啟耀攝

　　關於「五福」是福、祿、壽、財、喜還是福、祿、壽、財、子的表述差異，只在「喜」或「子」上。其實，在以「子孫興旺」為主要祝願的中國人心目中，「喜」或「子」是相通的。雲南大理喜州一帶以紂王為喜神，大概取紂王性淫、好喜樂之事的特性，功能性目的很明確。民俗雕版木刻描繪的喜神，一般在娶媳婦、建新房、過年等喜事用。結婚時，將喜神紙，連床公床母、和合喜神、和合二神仙、天地紙、家堂紙、灶君紙等，貼在新房，或在家裏燒化。

　　與「子」相關的神靈也多，如子孫娘娘、送生娘娘、觀音送子、麒麟送子等，在民俗雕版木刻中，也包括「百子鬧春」「嗣綿五桂」等吉祥意象。對於以「人丁興旺」為第一祝願的人口大國來說，祭祀類中最多的是娘娘紙馬，包含祈育、保孕、送子、護生、餵養、除病、教育等諸多環節。

喜神。雲南巍山

女方車馬（喜）。雲南大理

紅鸞天禧和合二仙。雲南祥雲

床公床母。雲南巍山

安床大吉昌。雲南祥雲

子孫娘娘。雲南大理

送生娘娘。雲南大理

百子鬧春。蘇州桃花塢年畫。晚晴民國,南京博物院展品

三、價值觀:善與惡的對立和互動

對善與惡的認知和判斷,是民間價值觀的基本體現。舉凡讓人受益、對人有護佑功能的神祇,皆為善神;而致人災禍、病痛和種種不幸的,都是惡靈。民俗雕版木刻對於善神和惡神的表達,最直觀的是在色彩上進行區分。善神多用彩色紙印製,惡靈全部都用白紙土紙印製。使用時,善神多用於張貼,或在家裏院內焚化;惡靈卻一定要送出家門,到村外岔路口焚化。

1. 積善與轉運的勸諭

民間有很多有關行善轉運、作惡造業的勸諭性傳說,它們也是各種宗教關於地獄、因果、報應等說教的認知基礎。

俗話說:「百善孝為先」。在中國傳統文化觀念中,孝親是最大的善。在民間以圖文形式流傳甚廣的「二十四孝」故事,近於極端地把「孝」作為至

善的樣板。由孝而及敬老，對於完成了傳宗接代使命，榮升祖輩的人，民間有許多相應的祝壽、敬老、親長晉升儀式。在主要由前輩傳遞知識的傳統社會（即人類學家瑪格麗特・米德所說的「前喻社會」〔註4〕），老人是社會知識生產的主要力量，受到全社會的尊重。所以，對長輩的態度，也就成為人們判斷某人「德行」的一個指標。對於榮升祖輩的人，要為他「還壽生賬」，使其「二世有錢使」。為使老人延年益壽，身體健康，有的民族還有專門的長壽經會或求壽道場。這類道場，需要配成套的吉祥紙符。老人60歲後「過喜板」（壽板，即棺材），選雙月或閏月，最好是閏月，把喜神紙符貼在老人後背上，配一份五寶、三份紙火、九炷香。祭獻後收藏起來，等老人去世後把這些東西在家堂裏焚化。

　　人們普遍認為，一個對父母不孝，對長輩不敬的人，不可能相信他會對社會或其他人體現好的德行。父母久病不愈，兒女不孝，或是父母背了過失，就有梟神作祟。梟是傳說中一種食母的惡鳥，常被用來比喻忘恩負義、虐待父母的惡人逆子。〔註5〕為了化解此厄，祭獻梟神要到村外野地裏，放飛一隻鳥雀，參祭者一起大聲呼喊：「飛、飛、飛，遠遠地飛，高高地飛」。鳥飛走表示梟邪已經離開了。這是通過象徵的方式去除惡念，讓逆子重新做人。

三天賜福轉運降鴻寶牒。廣東廣州

梟神。雲南巍山

〔註4〕（美）米德：《代溝》，光明日報出版社1988年版。

〔註5〕趙寅松、楊郁生主編：《中國木版年畫集成・雲南甲馬卷》，中華書局2007年版，第213頁。

囂（梟）神。雲南騰沖　　　　　　　　梟神。雲南保山

俗話又說：「家和萬事興」。家庭是社會的基礎單元，家庭和睦是社會安定和諧的保障。和善和善，「和」與「善」常常連在一起說。在家不爭，在外不鬥，以和為貴，是為善。

闔家同樂。雲南巍山　　一團和氣。蘇州桃花塢年畫。南　　平安神。雲南騰沖
　　　　　　　　　　　京博物院展品

民間認為，命難改，運可變。有貴人扶持，就能轉運。所以，在相對富裕的華南地區，貴人紙比較流行，舉凡家宅、寺院、神樹都喜貼貴人紙；如求佑轉運、做禳祛等法事，亦需貴人指引，祿馬扶持。貴人多為官員形象，可見在民間觀念中，貴，多與權力勾連。

轉運紙。雲南昆明

貴人祿馬。廣東

2. 災禍與惡行的化解

「困擾儀式」（rituals of affliction）〔註6〕在世界許多民族中普遍存在。所謂困擾儀式，主要針對涉及病痛、厄運、惡行、意外事故乃至生活不太順心等所進行的禳祓、驅趕、轉移等儀式，種類繁多。

仗劍驅魔，當空畫符，幾乎是人們對中國道人和民間仙師的刻板印象了。事實上，把不可預知的災禍「妖魔化」，的確是許多社會常見的文化現象。人們相信，在不可見不可知的世界，有一種神秘的力量與人為敵，它們四處作祟，來去無形，凡界力量無法抗衡。只有借助正道靈力，才可遏制和消滅邪靈魔怪的禍害。

人們對正道靈力和邪靈魔怪的認知，經千百年積澱，已經固化在不同文化的信仰體系之中。神像、鬼影、符咒等等，是圖像化、符號化和儀式化的文化結晶體，已經成為宗教學、考古學、人類學、歷史學、藝術學等學科研究的文化樣本。視覺人類學關注這類圖像或視覺符號文獻，不是為了求證它們靈驗與否，而是關注它們在特定文化語境中人們對此的認知、解讀和社會實踐狀態。

中國歷史上，由於權貴的爭鬥，亂世居多。興、亡都是百姓苦，權、利卻與百姓無關。所以，但求平安，是老百姓的最低訴求。然而，在現實生活中，天災人禍，無端飛來的邪穢太多，為此，關於邪靈的種類，竟多到數不勝數。

〔註6〕（英）維克多・特納：《象徵之林——恩登布人儀式散論》，趙玉燕、歐陽敏、徐洪峰譯，商務印書館2006年版。

民俗雕版木刻將這些無所不在而又隱藏在陰暗處的禍祟之物「顯影」了。關於禳解這些災禍的儀式，雖是千奇百怪，卻也是弱者無奈的應對方式。

　　天災起之於「天」，也就是人力所難於把控的災害。但凡火災、水患、蟲害、雹災、瘟疫，都可歸為天災。中國傳統建築多以茅草、竹木為建材，而用火又是居家必不可少的熱能來源，火災幾乎很難避免。水也是人們須臾不能缺的東西，但水造成的禍害，也是人們難以應對的。暴雨、洪水、江河決堤，都是讓人難以忘卻的災難。中國古史裏記載的水患和治水的事件，不勝枚舉；世界範圍的洪水神話，也成為人類共有的記憶。因此，在民俗雕版木刻中，這些化身為形形色色的邪靈，都成為民俗儀式中必須一一禳解的對象。

火神。雲南騰沖

火龍太子。雲南巍山

水火二神。雲南巍山

火部之神。雲南大理

蝗蟲。雲南巍山

瘟司聖眾。雲南巍山

　　人禍即為因人而起之禍。官司、刑厄、戰爭、兵燹、巫蠱、口舌是非等，皆屬人為。其中，官司、刑厄、戰爭、兵燹與權力相關，老百姓無力抗爭，盡可能躲避或求神化解；巫蠱與口舌是非則散佈於人群當中，民間對此深惡痛絕。

　　在人治社會，官民對立，老百姓最不願意進的是衙門，最怕惹的是官司。當是與非、罪與罰只能由權力掌控的時候，老百姓與官府沒有道理可講；甚至

連基本言行都無法判斷對錯的時候，人們只好把原因追溯到超自然領域。若陷於官司刑厄，前世因果，風水有煞，或是「闖了鬼」，都是可能追問的原因。「化解」的辦法之一，便是做法事禳解。

　　中國的歷史，絕大部分是兵荒馬亂的歷史。外辱內患要打仗，改朝換代會兵變，即使是和平時期，匪盜要殺人放火，惡政也會草菅人命。一部中國史，細數下來，就沒有多少太平日子。刀兵五鬼、六毒七殺、兵燹之禍，因之成為民間禳祛的重要內容。

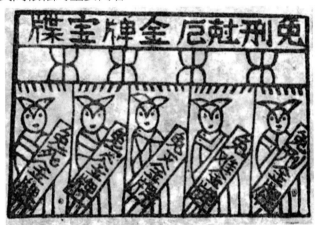

免刑克厄金牌寶牒。廣州

百解貴人紙第三層圖像中的免刑厄金牌。廣州

刀兵。雲南大理

五路刀兵。雲南巍山

五道猖王。雲南保山　　　五路唱（猖）兵。雲南大理　　（七）殺。雲南騰沖

　　一般來說，戰爭、械鬥只是一種外顯的行為，而在傳統社會，還有許多內隱的行為，在製造著傷害。從遠古時代一直延續到現在的黑巫術，就是一種在許多民族中存在的信仰；而關於如何化解這些邪術的方式，也是蔚為大觀。

　　巫蠱是甲骨文時代就有記錄的無妄之災，《史記》等文獻記載了漢代著名的巫蠱之禍，歷朝律法甚至將放蠱列為重罪；在民間，巫蠱被列為令人憎惡而恐懼的黑巫術，同時也成為迫害異端、污蔑邊緣群體的說辭。但據筆者調查，在大量被指為「放蠱」「中蠱」的案例中，沒有一例可以拿出讓人信服的證據，更多的只是一種猜忌、懷疑，甚至誣陷。巫蠱，其實是群體性非常意識狀態或極端信仰的一種文化心理表現。〔註7〕與巫蠱有關的民俗雕版木刻作品，種類極其繁雜，有專職的蠱神及其不同化身，如飛蛾蠱神、長蟲蠱神、五毒蠱神、蛤蟆（蟆）蠱神等，有源於下蠱宮鬥的後宮娘娘、惑人情智的「勾絞星」，有各種蠱靈邪神如飛龍、五方飛龍、飛虎、飛絲，有些屬於地方性禍祟邪靈，如虎頭將軍、夢夢河、九子娘娘、感應樹王、金花銀花、五方天子、當事保官、二位老祖、阿姑老祖、侯白天子之類，以及一些淫祀小廟的邪神。

〔註7〕參看筆者著：《巫蠱考察——中國巫蠱的文化心態》（繁體字版），漢忠文化事業股份有限公司、中華發展基金管理委員會1998年版；《中國巫蠱考察》（同上書，簡體字版），上海文藝出版社1999年版。

蠱神。雲南巍山

後宮娘娘。雲南巍山

勾絞。雲南騰沖

飛龍。雲南大理

五方飛龍。雲南洱源

非（飛）虎。雲南祥雲

飛絲。雲南騰沖

軍牙六毒（蠱）。雲南大理

田雞小廟

飛天蟲神

五毒蟲神

蛤蟆（蟆）三爺。雲南昆明

飛蛾蠱神　　　　長蟲蠱神　　　　五毒蠱神。　　　　蛤蟆（蟆）蠱神。雲
　　　　　　　　　　　　　　　　　　　　　　　　　　南昆明

五方龍神　　　　虎頭將軍　　　　夢夢河　　　　　　九子娘娘

感應樹王　　　　巡海夜叉　　　　金花銀花　　　　　太平寺

　　盤弄是非、惡語傷人是最為常見的惡習。中國南方民間過去在大年初三是「赤狗日」，赤狗為熛怒之神，是古代讖緯家所謂五帝之一，即南方之神，司夏天。俗以為是日赤熛怒下，遇之不吉。所以，初三早上，要用約長七八寸、寬一寸的紅紙條，畫一些符，在門口貼「赤口」（禁口），免生口角。雲南民俗雕版木刻「紙馬」中專有「口舌」「口舌是非」紙，「盤是非」者口中牽出長舌，亦有仙人和神鳥（形似位居南方的方位神護衛神朱雀）驅趕小人的描繪。

口舌是非。雲南保山　　口舌是非。雲南保山　　口舌。雲南保山

　　如果只是一般口角，也就罷了。但因「口」而起的禍事，好像越來越升級了。「人言可畏」、「惡語傷人六月寒」、「一言以喪邦」，言語的力量令人畏懼。過去，詛咒是利用言語實現的一種可怕的巫術行為；現在，借助網絡，「網暴」成為令人生畏的社會新型災禍。語言的暴力，甚至可以殺人。嫉妒、誣陷、告密，這類人性之惡，泛濫在各個領域，使社會道德的水準，一再下滑。國人無奈，只好依老古輩教導，過年穿新鞋，踩小人，或者跳大神。

咒神。雲南騰沖

　　在廣東鄉村，有的大榕樹上，會貼有一些紙符。按廣東風俗，榕樹是社稷之神，管全村人口。平時，附近的村民，如遇生活不順懷疑衝撞白虎或有小人作祟，會來樹前祭拜，用饅頭塞住白（石）虎的嘴，在樹上貼小人紙，請社稷神管束白虎和小人。而在驚蟄，廣東、香港、澳門等地，更流行一種被稱為「打小人」的公開化儀式活動，在儀式中焚燒「小人」「白虎」等紙符，故民間又叫「燒除」。

廟側的社稷神樹，旁邊的石虎嘴裏塞著一個饅頭。廣東　　小人紙。廣東番禺
番禺，2019，鄧啟耀攝

驚蟄用環首刀打小人，然後焚化「小人紙」。廣州，2017，鄧啟耀攝

　　對於這類不可知又無處不在的陰穢鬼祟之物，穿新鞋踩小人或請社稷神收拾小人，是最低調最阿Q的辦法。民間聲勢浩大的祛逐方式是儺祭，它的主要形式是戴面具的戲劇表演，稱為儺戲，並已經成為春節習俗的重要內容和中國非物質文化遺產保護項目。

　　儺祭歷史悠久。中國傳統文化觀念認為，陰寒之氣和陰穢之人同構，可擾亂人事影響國運。《禮記‧月令》篇中有季冬之月「命有司大難（儺）旁磔，出土牛，以送寒氣」［註8］的記載。孔穎達《疏》：「《正義》曰，此月之時，命有司之官大為難（儺）祭，今難（儺）去陰氣，言大者以季春唯國家之難（儺），

［註8］（漢）戴聖：《禮記》（漢）鄭玄注，（唐）孔穎達疏，見《十三經注疏》影印本下冊《禮記正義》，中華書局刊印1983年版，第1383頁下欄。

仲秋唯天子之難（儺），此則下及庶人。故云大難（儺）旁磔者，旁謂四方之門，皆被磔其牲，以禳除陰氣，出土牛以送寒氣者，出猶作也。此時強陰既盛，年歲已終，陰若不去，凶邪恐來歲更為人害。」〔註9〕《周禮・夏官》述：驅儺隊伍中方相氏「掌蒙熊皮，黃金四目，玄衣朱裳，執戈揚盾，帥百隸而時難（儺），以索室驅疫。」〔註10〕場面十分宏大。值得注意的是，從漢代起，儺祭成了春節習俗的重要內容，並一直延續到唐宋時期。儺祭是從裏向外的驅趕，驅趕之後在門口置避邪物，如掛桃符、葦戟，設神荼、鬱壘像，這也是後世貼對聯、門神的由來。民俗雕版木刻中最為精粹的部分，大多在此。驅儺往往通宵達旦，又形成後世的守歲習俗。宋代以後，儺祭在春節習俗中消失，也在中原地區消失，但卻保留在西南和南方一些民族中。

　　貴州威寧彝族中流行的「撮泰吉」儺祭，是配合每年陰曆正月初三至十五的「掃火星」習俗展開的，主要功能是把吐沫星子引發的「火星」，象徵性地掃去。寺院儺是藏傳佛教吸收本教信仰而形成的宗教文化。雲南的「關索戲」（澄江）和「花燈」（華寧）、貴州屯堡的「地戲」、廣東化州的「跳花棚」、湛江的「考兵」、普寧的「英歌舞」，都有儺祭性質。

　　儘管儺祭是公開的民俗活動，但舞者都要戴面具或繪臉。為什麼呢？除了扮成諸神或傳說中的英雄好漢模樣，借力打鬼，可能還有一層保護舞者的意思。舞者畢竟是凡人，在明處，陰穢小人在暗處。舞者為民除害，難免得罪這些東西。

退掃百怪。雲南大理　　　　　退掃。雲南大理　　　　　　退掃。雲南騰沖

〔註9〕（漢）戴聖：《禮記》（漢）鄭玄注，（唐）孔穎達疏，見《十三經注疏》影印本下冊《禮記正義》，中華書局影印本1980年版，第1383頁下欄。

〔註10〕（周）傳為周公旦：《周禮》。見《十三經注疏》上冊，中華書局影印本1980年版，第851頁下欄。

退掃。清，雲南騰沖　　　　　退掃。清，雲南騰沖

門神。清，雲南騰沖

門神。雲南巍山　　　門神。雲南德宏　　　把門將軍。雲南大理

門神。河南開封朱仙鎮年門畫。開封博物館年畫展廳展品

　　總之，由於民俗雕版木刻不僅僅是一種版畫「藝術」，而是具有多重價值的非物質文化遺產，所以，關於民俗雕版木刻的研究，必須是多學科方法。

　　首先，在文獻價值方面，民俗雕版木刻作為一種非物質文化遺產圖像「文獻」，需要使用文獻學、類型學的方法進行圖像文獻的梳理、分類和建檔，理清它們的神靈系統、歷史文脈和傳承關係。

　　其次，在藝術形式方面，民俗雕版木刻作為一種傳統版畫，有獨特的視覺表達方式、形式構成和審美趣味。對它們的研究，離不開圖像學的形式分析方法、工藝學的技法分析方法和美學的風格分析方法。

　　第三，在社會功能上，民俗雕版木刻作為一種至今仍然存在的活態民俗，需要在田野現場「閱讀」，同時需要對它們在社會生活中的使用情況、作用和傳承人進行調查。所以，本研究特別強調人類學民俗學田野考察的方法。本書許多章節都特別附上「田野考察實錄」內容，就是這個意思。

　　最為重要的是在意義方面，民俗雕版木刻作為一種綜合了民眾文化心理的觀念產物，是一種具有特殊能指形式和所指意義的文化符號，在世俗社會發揮著創制、傳播信息並作用於人們社會生活和文化心理的多重功能，需要借助符號學、宗教學和心理學方法，進行綜合性分析研究。

　　當然，與藝術學側重審美和形式分析，民俗學側重儀式描述，宗教學側重信仰研究和意義解讀的學科傾向有所不同，視覺人類學更希望從一種文化整體觀的視角，去觀察這些圖像文獻在實際生活中的存在狀況，瞭解它們的使用

者，它們的能指、所指和意義生成的背景，它們的製作、使用和跨界（跨陰陽、人神鬼之界）傳達的過程等等。也就是說，如果我們把這類圖像視為歷史和社會文化的「文獻」，就必須分析它們的符號構成系統，考察它們怎樣表意和傳達，有什麼樣的儀式場域，研究它們言說的語境。

上　篇

第一章　民俗雕版木刻藝術略說

一、民俗雕版木刻藝術的歷史與現狀

　　中國民俗雕版木刻藝術，是雕版木刻技術和紡織、造紙技術、繪畫藝術及民俗文化的有機合成體，也是文化產品需要大量複製、推廣的傳播和市場行為。輕便廉價的雕版木刻紙印媒介取代了笨重竹簡和昂貴帛書，文化的生產力和傳播力迅速發展，「書寫」這樣原來只在權力和精英壟斷的事，部分地下沉到了民間。

　　手繪的神靈圖像，文獻記述較早，存本也多，且以壁畫、帛畫等較為常見，如繪有雷公、雨師、東皇太乙、太陽神羲等道教神靈及三界世界的長沙馬王堆西漢帛畫。上個世紀初斯坦因在敦煌藏經洞和新疆于闐一帶獲得一些人身獸頭神靈圖像紙畫和《鼠王傳說》木板畫，鼠王所穿著的服裝樣式在玄奘所記「鼠壤墳」，于闐一帶 8 世紀的供養人壁畫中均有描述。其中，斯坦因在敦煌藏經洞收集的一組表現于闐神靈的紙畫，尺幅較小，所繪神靈均為女性，上身赤裸，露乳，僅有帔帛繞臂，下身著短裙。畫面的上方為于闐文和漢文書寫的神靈名稱，如鹿首抱小兒的女神漢文榜題為：「此女神名□伽羅遮，若小兒母夢中見危，即知此神與患，祭之吉。」貓首女神的榜題為「此女神名磨難寧若，夢見貓兒小兒吐舌□□□即知此神與患，祭之吉。」這些女神均為與小兒相關的瘟神，祭祀相對應的女神可求康復、平安。〔註1〕此類木板畫和紙畫，具有與符籙圖像相似的功能，或可視為民俗雕版木刻「碼子」的一種早期形式。

〔註 1〕陳粟裕：《于闐本地神靈信仰與佛教的融合》，《中國社會科學報》2015 年 4 月 1 日。

　　雕版木刻紙印的神像符籙，在雕版印刷術和造紙術發明之後，很快興盛起來，許多宗教典籍中都有它們的身影，如唐咸通九年印行的《金剛般若經》扉頁雕版木刻神佛圖。紙，這個負載文化印跡的偉大發明物，和甲骨、竹簡、羊皮書一樣，是話語權力的負載物；在神聖領域的巫術和宗教科儀中，應當也承擔著重要的職能。

　　祭祀過程大量用紙，以紙摩像，以紙為幣，祭畢焚之，不少古籍均有記述。《唐書・王璵傳》：「漢以來葬喪皆有瘞錢，後世里俗稍以紙寓錢為鬼事。」〔註2〕雕版木刻紙印的「紙馬」，可能到宋代才有人提及。宋人吳自牧《夢粱錄》：「歲旦在邇，席鋪百貨，畫門神、桃符、迎春牌兒；紙馬鋪，印鍾馗、財馬、回頭馬等，饋與主顧。」〔註3〕孟元老《東京夢華錄》卷七述：「近歲節，市井皆印賣門神、鍾旭、桃板、桃符，及財門鈍驢、回頭鹿馬、天行帖子。」「清明節，士庶闐塞諸門，紙馬鋪皆於當街用紙疊衰疊成樓閣之狀。中元節，市井賣冥器靴鞋、襆頭帽子、金犀甲帶……及印賣《尊勝目連經》。」〔註4〕民間繪畫研究專家王樹村先生指出：《尊勝目連經》是一種超度亡人的「紙馬」，祭畢焚化。「尊勝」是除障之義。「目連」到地獄中解救受苦生母的故事在民間流傳甚廣。焚此紙馬，可超度亡人。今尚有清以前的《孝子木連過陰為母身經》等圖符，都是左刻經咒，右刻目連圖像的紙馬，似承傳宋代《尊勝目連經》的形式。〔註5〕清代以後，這類民間雕版刻印作品在部分筆記文史作者的著述中多有提及，但稱謂各異：以「紙馬」之謂者，如王棠《知新錄》：「唐玄宗瀆於鬼神，王璵以楮為幣，今俗用紙馬以祀鬼神」，〔註6〕以「甲馬」之謂者，如清人袁枚《子不語》：「凡人死有未了之事者，其子孫欲問元由，必須以四金請陳（巫師）作術。……命家人燒甲馬於門外。」如捉到鬼邪之物，則「擒納瓶內，封以法印五色紙，埋桃樹下。」〔註7〕而以「甲馬」和「紙馬」並述的，如清人趙翼《陔餘叢考》卷三十述：「《天香樓偶得》（虞兆漋撰）云：俗於紙上畫神像，塗以彩色，祭賽既畢，則焚化，謂之甲馬。以此紙為神所憑依，似乎馬

〔註2〕（宋）歐陽修：《新唐書》，見《二十五史》第六卷，上海古籍出版社、上海書店 1986 年版，第 419 頁。

〔註3〕吳自牧：《夢粱錄》，浙江人民出版社 1984 年版。

〔註4〕（宋）孟元老：《東京夢華錄（外四種）》（據《知不足齋叢書》本校點排印），上海古典文學出版社 1956 年版。

〔註5〕王樹村：《中國民間紙馬藝術史話》，百花文藝出版社 2008 年版，第 17 頁。

〔註6〕轉引自楊郁生：《雲南甲馬》，雲南人民出版社 2002 年版，第 8 頁。

〔註7〕（清）袁枚：《子不語》卷一，嶽麓書社 1985 年版，第 18 頁等。

也。然《蚓奄瑣語》云：世俗祭祀，必焚紙錢、甲馬。有穹窿山施煉師（名亮生），攝召溫帥下降，臨去索馬，連燒數紙不退。師云：『獻馬已多』。帥判云：『馬足有疾，不中乘騎。』因取未化者視之，模板折壞，馬足斷而不連。乃以筆續之，帥遂退。然則昔時畫神像於紙，皆有馬以為乘騎之用，故曰紙馬也。」〔註8〕祭祀過程大量用紙，以紙摩像，以紙為幣，祭畢焚之，不少古籍均有記述。晉《九洲要記》：「雲南郡山，山有祠，處石室稱黃石公，祀之必用紙一百張。」〔註9〕使用情況和現在民間相差無幾。

　　民間對這類祭祀用雕版木刻的來源及發展，也有自己的說法。雖不可確證，但亦可視為民間信仰對傳統的一種認知狀況。筆者在參與一位廣東畬族L姓法師的「解太歲」儀式後，和朋友一起與法師閒聊，關於儀式來源及紙符使用情況，有這樣一段對話：

　　　　問：L師，據您所知，解太歲的儀式最早是什麼時候開始的？

　　　　L：要回到張道陵。就是張天師。

　　　　問：如此說來，解太歲應該屬於道家的儀式了。

　　　　L：是的。

　　　　問：我們今天所作儀式是否全部都是傳統儀式？例如用品……

　　　　L：不是，有很多後來更新的。

　　　　問：沒有發生變化的，最基本的是哪些？

　　　　L：最初的儀式只有五色紙，東南西北方位來燒紙，東方燒青紙，南方燒紅紙，西方燒白紙，北方燒黑紙，中間燒黃紙。後來才有百解（紙）、貴人（紙），日光衣、金銀衣紙，這些是最基本的。金銀衣紙原來也沒有那麼豐富，後來才多的，例如在元寶紙裏面一塊金色，一塊銀色，那是最早用的。後來的地陰紙那是加上去的，80年代後又加入了假的人民幣，甚至美金，其實這些都是沒什麼作用的。

　　　　問：解太歲儀式裏最重要的什麼呢？

　　　　L：最開始是只有五色紙，一張紙就行了，主要靠的是師傅的功力，靠用神，靠咒語。

　　　　問：是不是要用符？

　　　　L：當然了，符是神位用的，關鍵是師傅的功力，能不能把神請

〔註8〕（清）趙翼：《陔餘叢考》，中華書局1963年版。
〔註9〕轉引自楊郁生：《雲南甲馬》，雲南人民出版社2002年版，第30頁。

動了。有些人請神，像什麼七姐、仙姐，神位太小，請不動神的。
我用的是玉皇大帝，神都要聽他的。為什麼我在清遠別人稱呼我師
爺，是因為很多問米的神婆請不了神，開不了壇，是我開壇，幫他
們把神帶上了。〔註10〕

十分湊巧，筆者在雲南昆明「玄機閣」至果道人的筆記裏，也看到對這種
五色符的描述。至果道人把它稱為五行八卦光符，認為把它畫在五種顏色的紙
上，就「能看一切事物」，而「五行光符內外光出的氣，有慧眼的人看見是一
大火光」。此符能治幾種病，以符畫水吃。〔註11〕從他根據自己師父傳承，記
錄在筆記本上的符籙原稿看，它們其實承續了兩千多年來中國哲學、宗教、民
俗等傳統文化的理念，而使其世俗化實用化了。

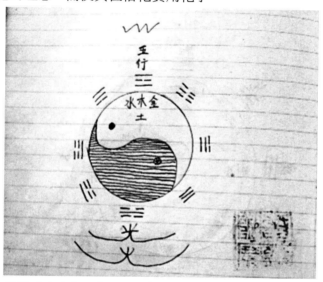

至果道人手繪五色五行八卦符示意圖。雲南昆明，2009

上個世紀初，受新文化運動的影響，民國政府曾經頒布《神祠存廢標準》
（中華民國內政部，1928年發布），認為「乃以教育不能普及之故，人民文野
程度相差懸殊，以至迷信之毒深入人心。神權之說相沿未改。無論山野鄉曲之
間仍有牛鬼蛇神之俗，即城市都會所在亦多淫邪不經之祠」。故此，要「對於
神祠問題力求徹底解決之方」。《標準》確定可存的神祠以佛教、道教和先哲類

〔註10〕 訪談對象：廣東清遠畲族L姓法師；訪談時間：2013年5月12日，地點：廣
東省廣州市某住宅小區，訪談人，DXJ、鄧啟耀等。
〔註11〕 訪談對象：雲南昆明至果道人，訪談時間：2009年4月17日，地點：雲南省
昆明「玄機閣」，訪談人：鄧啟耀。

崇拜為主，而對民間信仰幾乎全盤否定。對於祈福、求財、求子、求平安、驅瘟逐邪等民間認同度最高的神祇，一概禁絕，限令城鄉一年內廢止。但這個禁令遭到民眾的抵制，地方政府無法執行，不得不上書請求緩行。最後禁令不僅沒能執行，甚至在抗戰期間為了祭祀死難將士和民眾，政府還有創製「新紙馬」的行為。〔註12〕

　　對民俗雕版木刻毀得最徹底的是上個世紀 60 年代至 70 年代的「文化大革命」，包括民間信仰和宗教在內的傳統文化無一不被「革命」。毀寺、砸神像、抄家、焚書，凡與「文化」沾邊的事物，包括「文化人」，都難逃厄運。儘管如此，還是有人冒死藏下雕版，待浩劫過去，即拿出來在民俗活動中使用。21世紀之後，包括民俗雕版木刻在內的一些傳統文化被界定為「非物質文化遺產」，從而有了更大的生存空間。

筆者在紙火鋪向店主請教紙馬用法。雲南巍山，2009，項目組成員攝

二、民俗雕版木刻的空間分布及人群

　　在中國各族民間傳統文化習俗中，用以溝通天地人神（鬼）等靈界的繪畫

〔註12〕參見李明潔：《從民國〈神祠存廢標準〉看哥倫比亞大學「紙神專藏」——兼議年畫的歷史物質性》，《華東師範大學學報（哲社版）》2020 年第 2 期。

媒介，「流通」最廣、使用人群最多的，就是這種木雕版刻、土紙或布料手印的版畫。這類溝通天地人神（鬼）的巫靈的雕版印刷圖像，以紙質為多，也有以布、絹等質料印製。內容多為神靈圖像，或圖文相雜及整版文字。

雕版木刻印製紙印（或布印）版畫作品的人文地理空間分布，據目前所知，主要集中在幾大區域：一是西南，以雲南「甲馬」、四川「綿竹年畫」、西藏「風馬」、貴州「說春」為代表作品；一是西北，以青海、陝西鳳翔年畫為代表作品；一是華北，以北京「俗神畫片」、天津楊柳青年畫、河北武強年畫、內丘神碼、山西絳州、平陽年畫、內蒙古「風馬」為代表作品；一是華東，以山東楊家埠、高密和平度年畫、江蘇桃花塢年畫和無錫印繪版畫、上海小校場年畫等為代表作品；一是華中，以河南朱仙鎮年畫、湖南灘頭年畫為代表作品；一是華南，以廣東佛山年畫、福建、臺灣的「天后紙」「媽祖紙」「貴人紙」、香港、澳門等地的「貴人紙」「小人紙」為代表作品。

雕版木刻印製紙印（或布印）版畫作品的社會分層，主體使用人群是基層民眾，廣泛用於民俗和多神混雜的民間祭祀活動，也是民間道教科儀或部分佛教法事常用之物。

製作和使用雕版木刻符像的民族，有漢族、白族、彝族、藏族、瑤族、傣族、蒙古族、納西族、傈僳族、布依族、摩梭人等民族。其信仰兼有佛、道、儒和民間信仰，諸神雜糅。儀式稱呼也各有不同，如白族叫「燒紙」，瑤族稱「辦紙馬」等。

限於篇幅和研究角度，本書對幾大著名年門畫，僅作為對比材料稍有涉及，主要田野點和關注對象，是在儀式中隨祀而焚隨風而化的紙符布符。如雲南、青海、西藏、貴州、廣東等省區的鄉村，由於民族眾多，文化類型複雜，是當今中國紙馬印符種類最為豐富、文化形態最為複雜的傳承地之一，也是作者做田野考察著力最多的地方。

與鄉村平面展開易於進入的田野相比，都市密集的高樓呈現的是一種層層疊加的奇異社區，它向人類學家豎起了一個個冰冷的立面，封閉，陌生，難以敲門。都市，特別是那些現代化程度較高的大都市，似乎處處顯示出一種物化的堅硬。然而，在那些被水泥板隔絕和被科技硬化的空間裏，我們仍可看到民間信仰的柔軟觸角，隱秘而無所不在地來去。在岔路、橋頭綠化帶裏，不時會突兀冒出一塊刻有密咒的石碑；在不銹鋼防盜門邊，有陶塑或紙印的鎮宅神守護；門頭窗口懸掛的陰陽八卦或辟邪壓煞符，是為了應對避不開的樓道或對

面樓房的「沖煞」之氣;而車窗或錢包裏,亦有各式平安符或藏或露。到清明、中元時節,人口稠密的小區會騰起焚化冥幣的煙霧;城市裏的寺廟也很難杜絕信眾的香火;而通過手機或網絡傳召的法師,已經適應了如何在樓房客廳做法事;名氣大的半仙,甚至會被名人和官員請去豪華會所,為其仕途或財運查看命相,調整風水。

三、民俗雕版木刻的稱呼和種類

各地對這類雕版印刷作品稱呼不一。習見並列入非物質文化遺產保護的,是被統稱為年門畫的套色版畫作品。由於它們主要在年節等喜慶時張貼在家家戶戶及主要建築如祠堂的大門上,十分顯眼,所以為人熟知。

還有一類因尺寸較小、單色或黑白、用後即焚、留存時間較短或陳設位置較隱蔽的版畫作品,則較易被忽略。這類民間版畫作品,主要用於祭祀活動,歷史上常被作為「淫祠」或「迷信」打壓。

各地對這類民俗雕版木刻稱呼並不統一,如北京、山東、河北、江蘇、浙江、陝西等地叫「紙馬」或「神馬」「神靈馬」等,雲南、貴州、福建等地叫「紙馬」「紙火」「甲馬」「甲馬子(紙)」「馬子」「紙符」「雲馬」等,廣東叫「貴人」「紙符」「某某衣紙」等,臺灣叫「神馬」,西藏、雲南、四川、青海等地藏區或信仰藏傳佛教的地區,則將懸掛於家門、山口和寺塔的那種雕版印刷作品通稱為「風馬」「風馬旗」,飄撒的叫「隆達」。還有諸如「花馬子」「神貼」「神紙」「楮馬」「細馬」「神馬」「佛馬」「菩薩紙」等說法。無論叫什麼,用什麼材料(紙、布)製作,怎麼傳送或使用(火焚—紙火、風揚—風馬),「馬」是關鍵詞。

據雲南民間藝人和法師講述,所謂「馬」,主要取其傳遞、運送的意義。不過,更「行市」(懂行)的人,不會泛泛而說什麼「紙馬」「甲馬」,而是根據祭祀需要,去「請」什麼什麼「紙」:要拜財神,就請財神紙;要辦婚禮,就請喜神紙;要過關度厄,就請過關紙,它們大都是配套的,如「喜神紙」2種一套、「過關紙」24～36種一套、「過年紙」24張一套,「領魂紙」36張一套,「利市紙」36張一套,「叫魂馬」或「追魂紙」6種一套,等等。

本書主要介紹的這類作品,一般叫「紙符」,或在不同地方按當地習慣稱呼使用。

學術界對這類民俗雕版木刻作品，主要有「甲馬」、「紙馬」和「神馬」等統稱。用「甲馬」這個詞的，認為「紙馬」一詞太就事論事，而「甲馬」顯得含蓄，「充分體現了延續雲南鬼文化的歷史必然」；〔註13〕用「紙馬」這個詞的，則認為「甲馬」屬於「紙馬」中的一種特殊類別，專用於追魂捉命，不可與「紙馬」混稱。

符籙的種類很多，據筆者收集的近千種「馬子」和調查，在不同地方，紙馬甲馬並不是界限分明的。紙馬的種類很多，叫法和功能各地不盡一致。比如雲南羅平布依族每年農曆正月初三要在門上貼「神馬符」，「不給鬼亂來」。〔註14〕這類似雲南昆明郊區農村把甲馬當做「封門紙」。而被稱為「甲馬」的，除了護衛，還有不同用法：有的用於封門擋煞、保護家宅，如昆明郊區貼在大門兩側的紅紙甲馬；有的用於傳遞信息，如雲南彌渡用紅紙印製的「報喜甲馬」，騎者手持「一年清吉、四季平安」令旗，胸前有萬字符；有的用於請神送神和追魂，如雲南大理迎請神祇和追魂的追趕甲馬、廣東廣州的送神馬和請神馬；也有說馬上有騎者為請神，無則為馱運財寶和吉祥物，如藏區的風馬旗；而在雲南巍山、豌町等地，甲馬又可能成為黑巫術的秘符。

在雲南昆明居家道人至果先生的法事筆記本上，我看到他手繪的一幅無鞍無韁身有條紋的奔馳甲馬，甲馬尾部蓋符章，上面記著甲馬配合其他紙符的功能及使用方法：

    1. 道君師訣：可傳自己的弟子及道友，不可多傳。

    2. 二、七日以布袋盛去（即初二、初七日）

    3. 如發現意欲凶死，劃靈官符和雷神符給行兇者帶此符背上，背時燒紙，取下時也要燒紙，並祝告說：靈官祖師或雷神祖師受香紙。

    4. 避（辟）邪畫八卦圖一張，不書名，可劃先天八卦圖給他們屋裏貼著，即可避邪。

    5. 劃吃的水，一般用訣式（即陰印即可）

    6. 劃水吃的符章可三用：如

        劃符章燒吃，以香劃水吃，以劍劃符吃。

        （如靈官符、避邪及降魔符章都可）

〔註13〕楊郁生：《雲南甲馬》，雲南人民出版社 2002 年版，第 11 頁。

〔註14〕訪談對象：布依族摩公劉正富，訪談時間：2004 年 8 月，訪談地點：雲南羅平多依河鄉，訪談人：鄧啟耀。

　　7. 使小孩聰明，劃 4 的符章，日、月水吃

　　8. 小孩不乖，如哭，劃靈祖符內的光於頭上即乖。〔註15〕

　　據此描述，此馬具有傳授秘法、消災辟邪、增長智慧和安撫孩童等多種功能。

　　至果先生的法事筆記本上另繪有一備鞍、有籠頭和韁繩，行走在雲上的白馬。這是專門為亡故道友準備的乘騎。用時以黃紙做信封，內附用黃紙朱砂書寫的介紹信：我龍門派十九代弟子某某某，於本月某日了道（亡故），特介紹來……云云。可見，此馬又是馱運亡魂的乘騎。

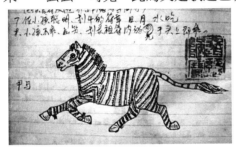

手繪甲馬。雲南昆明，2009，至果道人提供

手繪雲馬。雲南昆明，2009，至果道人提供

　　這類雕版印刷圖像，以紙質為多，也有以布、絹等質料印製。雕版木刻符像多為神靈圖像，也有圖文相雜或整版文字的。雕版木刻符像的使用，一般都有驅邪或祈吉的目的。作為與神靈通達信息的使者，它或者是人與神界的靈媒，或者就是某神的化身或幻象。

　　不同的符像有不同的使用方法，有的焚化，有的張貼或懸掛，有的隨身攜帶或吞服，有的則飄撒，置於荒山野嶺隨風而化。

　　用於火焚水淨的符像馬子，大多為驅瘟去病。這類馬子或是惡靈，或是司瘟管咒的「當班」，雖然不過是一紙幻影，卻誰也不敢惹。如納西族東巴教徒亡故時開「祭風」道場所用的「穢鬼」，是天地混沌未分時人類不正常死亡者變成的。做完道場後將其焚化或放到河裏沖走，表示纏家纏身的穢鬼已被驅走。我在雲南巍山考察的「謝土」等儀式，其中最頻繁的活動，就是不斷地把經過「先生」禳解的邪靈馬子送出家門焚化，同時把「寄送」給亡靈的紙錢、紙房子等焚化。

<hr>

〔註15〕講述人：雲南昆明至果道人；訪談時間：2009 年 4 月 17 日，地點：雲南省昆明「玄機閣」。

　　用於張貼、懸掛的符像馬子，一般是神像、祖師或某些吉祥圖符。它們是善的化身，多為彩色紙印刷，供在堂前灶頭門楣柱頂，或黏貼在車窗前車門內，相當於善靈無所不在，時時保護居家和出行平安。另外，還得根據不同的需要，使用不同的紙符，如灶神貼在灶上，廁神貼在廁門，喜神、床公床母貼在床頭，菩薩貼在車門。藏族、蒙古族和摩梭人還常把木刻圖符印在白、黃、綠、紅等色布上，做成旗幡懸掛在門頭、靈山前或瑪尼堆上。風吹幡動，既象徵神靈降臨，同時代為供奉者誦經、祈禱，故稱「風馬」、「風馬旗」。

　　用於飄撒的符像馬子，有降福消災之意。藏族在舉行朝山、轉經等活動時，要一路大量拋撒一種火柴盒大小、印有神像和吉語的紙片「隆達」，創造一種形如「天示」的幻象。傈僳族在刀杆節裏，赤腳登上刀梯的傈僳漢子，象徵著他歷盡艱險到達神界。他攀上刀梯得到神的許諾，並將這些許諾通過「神符」傳給人間。當他將捆在刀梯上的紙符飛撒下來時，眾人紛紛爭搶，以落地前搶到為吉。可以想像，眾人仰望「天梯」（刀梯），而從天光閃爍處飄飄揚揚降下的「神符」，不正顯示著一種來自不可知處的誘惑麼？

　　捆縛於身以助神力的符像馬子，如《水滸傳》裏描述神行太保戴宗「取兩個甲馬，替楊林縛在腿上，戴宗也只縛了兩個。作用了神行法，吹口氣在上面，兩個輕輕地走了去。」〔註16〕在至果道人的筆記本裏，也有一幅手繪的馬。他說這是神行馬，用它增加神力，可日行八百里。現在則時興求取一些紅色或黃色條形紙符，折為小三角形，放在錢包裏隨身攜帶。

　　還有一種用於吞服的紙符，如廣州的「解除迷昧醒心靈符」，飲酒過度昏迷不醒時燒灰服下；「出欄羊刃」，飲食不當噁心胃酸燒灰服下。〔註17〕另外，在做鎮宅、過關等儀式時，風水先生也會把焚化的神符紙灰撒到酒水中，讓當事人喝下，或將神符紙灰和做過儀式的大米、紅包、蘋果一起置於米缸裏，做飯時大米和紙灰一起煮了食用。

　　在廣東地區，符籙有平安符、辟邪符、鎮宅符、壓煞符、鎮諸怪符、截路符，以及花船鑒醮完畢後的封船符，送船的通關符等等。

　　紙符的使用，一般都有驅邪或祈吉的目的。作為與神靈通達信息的使者，它或者是人與神界的靈媒，或者就是某神的化身或幻象。

〔註16〕　（明）施耐庵、羅貫中：《水滸傳》（據容與堂本），人民文學出版社 1997 年版，第 586 頁。

〔註17〕　王樹村：《中國民間紙馬藝術史話》，百花文藝出版社 2008 年版，第 231～232 頁。

　　由此可見，「甲馬」一詞，至少在這些地區是專有所指的，不能泛用於所有紙馬或紙符。而按較普遍的說法，將其統稱為「紙馬」，似也不能概全，比如藏區的「風馬」，就不僅僅是紙質的。「神馬」是臺灣學者所襲用。但「神馬」不僅僅載神靈，也載鬼靈、祖靈和人身。因此，取其通靈、傳送的要意，按雲南調查地民間較為流行的說法，稱其為紙符、紙馬或「馬子」，似乎更恰當一些。或以「民間雕版木刻符像」或「符像馬子」名之，同時在不同情況下按當地習慣稱呼交互使用，也是一個辦法。

　　無論叫什麼，用什麼材料（紙、布）製作，怎麼傳送或使用（火焚、風揚、張貼、佩帶、吞服），「馬」是關鍵詞。據古籍記載和雲南民間藝人、法師講述，所謂「馬」，主要取其傳遞、運送的意義，是一種約定俗成的靈界使者。

　　其實，「紙馬」、「甲馬」、「神馬」、「馬子」等等，也只是相對普遍一些的指稱。具體到民間使用者那裏，卻大多不這樣稱呼，而是有更仔細的說法。例如在民間雕版木刻符像使用比較普遍的滇西、滇南一帶，一般不泛泛而論地說什麼「紙馬」或「甲馬」，而是根據使用功能或神職的不同，分別將使用於不同儀式和場合的套符，稱為「財神紙」、「喜神紙」、「利市紙」、「天地紙」、「月神紙」、「關聖紙」、「過關紙」、「領魂紙」或「叫魂馬」等等。

　　筆者所見民俗雕版木刻的符像籙書，大致有幾種：

　　一是符表，以文字為主，如上呈神佛的表文或文牒，屬於雕版印刷文書，稱為「上表」，是人間與神界的交通往來的書信。先用木版刻出祈求清吉，賜福賜祿，年豐人壽，六畜興旺等等願望的奏表表文，黃紙拓印，放妥。做會和舉行祭儀時，由道士或先生填寫好上表人的姓名和住址，末尾加蓋神靈大紅印章，裝入印有吉祥圖案的信封，封好，舉行儀式後，和「功曹符使」之類的馬子一起焚化。

　　二是符咒和符章，符咒主要是求吉驅邪的經咒，主要形式是經典經文的刻錄，文字以圖形化或意象化的符號為主，大幅度變形，讓人似曾相識又無法釋讀，以達到「不可言說」的神秘化效果，如以「雷」、「敕」、「屍」、「鬼」等字疊加各種鬼靈名號和奇異線條衍化的「覆文」。

　　三是符像，以圖像為主，圖像有佛祖菩薩、神鬼靈異，也有人祖命魂、祥寶瑞獸。無論什麼符籙，大都是在整塊的木刻雕版上，刻以文字或圖像，通過雕版印刷技術，在紙或布上成批印製。

　　另外，還有一些用量較大的生活、娛樂實用性用品，如紙牌（花花牌）、棋類（鳳凰棋、陞官圖）、風箏、庚帖、春帖、信箋、包裝紙等，也會用雕版木刻的方式印製。

　　如果從文化功能的角度，民間雕版木刻的分類還會更複雜。涉及與人類生存環境、生計模式、生活習俗、精神信仰以及運程、災禍、疾病等有關的方方面面。我們將在後面章節，按這種分類做詳細介紹。

第二章　民俗雕版木刻的製作與流通

　　1980 年初，我還在大學讀書的時候，寒假隨老師一起去滇川交界處的瀘沽湖摩梭人中做田野考察。有一天，村裏來了一位給村民印「風馬」的民間祭司「達巴」，很多人都拿去一些不同顏色的布塊，請達巴為他們印「風馬」，好在過年的時候把自家門頭、神山和瑪尼堆的風馬旗，換成新的。我去圍觀，見「達巴」用刷子蘸墨，塗在一塊刻有圖像和藏文的雕版上，輕輕覆蓋一張布塊，用短棕刷平刷，即得一張「風馬」。我因為做過木刻，發現棕刷會把凹處的墨汁帶上來，使得印出來的圖像多了些墨蹟，版子也一團漆黑。我們印木刻作品，一般用滾筒滾墨，可以使墨不會沾到陰刻部分，拓印也用較平滑的木蘑菇墨拓，而使圖紋比較清晰，版面黑白分明，便於修改雕版。我當時不知輕重，建議「達巴」換一種拓印方式，用比較平滑的東西捺印，並做了一個示範，果然清晰很多。「達巴」很高興，讓我印了一些。好在村民並不計較是誰印的，都開開心心拿著走了。

　　那次經歷，使我對這種在藏傳佛教信仰區域隨處可見的木刻作品，產生了濃厚興趣。

摩梭人家的門神、風馬圖符和羊角等辟邪物。
雲南寧蒗，2001，鄧啟耀攝

風馬紙。雲南寧蒗，1980

摩梭人的「風馬」雕版。雲南寧蒗，2001，鄧啟耀攝

一、民間雕版木刻的製作工藝

　　民間雕版木刻主要是在核桃木、冬瓜木等木板平面上刻製圖像，刷墨拓印，故云南某些地方的「行話」，是把製作紙馬的行當的稱為「紙馬板板」。而在江蘇常熟地區則有木版漏印紙馬，無墨線紙馬上的神佛形象有抽象輕逸的藝術特色，但具體形象不突出，一些較為相似的圖像幾乎只有專業的講經先生和道士才能辨別出身份。〔註 1〕

雲南紙馬雕版。陳力收集

〔註 1〕張敏：《紙馬的文化價值變遷——以常熟地區為例》，《民間文化論壇》2019 年第 3 期。

《中國古版年畫珍本》登載的清　　　　漏版空套工藝製作的常熟紙馬
代江蘇紙馬「魯班仙師」。江蘇　　　　「一殿閻君」。江蘇常熟

我向雲南昆明居家道人至果法師請教道教雕版的製作和用法，他說：「刻印符章的雕版要用雷擊木，要請道士念七七四十九天咒，再刻；刻好的雕版不能拿墨印，必須用朱砂、銀朱和赤紅印，那些用墨印的不合。印好之後還要念七天咒。如有急用，也可以只念一晚上，從晚上念到凌晨，要過了零點。」〔註2〕

民間製作符像馬子沒有那麼多講究。在巍山彝族回族自治縣，雕版印製符像馬子成為民間道士（當地人叫「先生」）、齋奶和藝人的一種「活計」和生意。一些開雜貨鋪和紙紮店的人家都自備有雕版，成批刻印符像馬子，供市民和鄉民「辦事」時用。雕版一般選取核桃木、黃楊木等質細而硬的木料，加工成大小不一的版子，以舊圖為摹本，刻出圖樣。為了節約，大都兩面皆刻。有的民間藝人不識字，常常出現把字和圖刻反，缺字、錯字的情況。印製也沒有多少講究，蹲在地上，拿刷子蘸了墨或顏料，刷上版面，用土紙或需要印製的材料平放在上面，再用細棕拓子在紙面輕輕拓磨，即可很快印出一張馬子。製作者和用戶對於馬子圖像是否好看，墨色濃淡是否勻淨，都不太在意。近年還出現了一些新的作品，在圖形上有明顯卡通化影響，在印製上也有了電腦製圖和機印的做法。

〔註2〕訪談對象：至果道人，訪談時間：2008年12月24日，訪談地點：雲南昆明
　　　「玄機閣」，訪談人：鄧啟耀。

1. 起稿

符像的起稿，基於寫實，但民間藝人對「像」或「不像」的問題，自有一套說法。他們說，要特別注意的是，在起稿時，如何畫得「像」，非常重要。神靈誰也沒有見過，怎麼知道「像不像」呢？雲南巍山村民的看法是，老一輩傳下來的版畫模子中印出來的畫像都很像，用起來才會靈。外地買來的版畫或年輕人亂七八糟畫的那些是用不成的，不像，用了也不起作用。也就是說，在當地人看來，儀式中的木刻版畫畫得是否像的歸結點在於圖像是否能維持著傳統、地方的特色，若按傳統、地方特色繪製的圖畫就是「像」的。村民觀念裏，傳統、地方特色的版畫「像」的構成要素有：

畫面要用線條勾勒而成，不用濃墨或色彩暈染。圖像中人物（鬼神）的眼睛儘量大一點，不要畫成只有一條線的小眼睛。當地流傳一句話：「人怕朦鬆眼」，所謂「朦鬆眼」就是指眼睛小，眯成一條縫的眼型。人們認為有這種眼型的人都是精於算計、胸有城府之人，一般人都鬥不過這種眼型的人，應儘量避而遠之。所以，神、鬼也不能畫成這種眼型，否則太厲害了不容易對付，尤其是鬼怪精靈的圖畫更要注意。臉型上，不能繪製成錐子型的尖下巴臉，這種臉型不如圓潤的臉型有福，神和鬼怪精靈若被畫成這種形狀是很難纏的。嘴唇的形狀則不能用點、線畫成櫻桃小口，嘴型應儘量大一點，嘴大能有吃福，能享受福祿及富貴。所以神靈、鬼怪的唇型也儘量不要畫小，若畫小了於「常理不對」，也就是不符合當地傳統的面相觀念，當然是不靈的。並且畫像上的人物（神鬼）都是擁有神力的，不能有太多複雜的表情，要莊重穩妥，若表情太豐富就和人沒有什麼區別了，也就不是神仙、鬼怪了。當地流傳，有一戶人家因兒子結婚多年沒有子嗣，便找人看香火後祭拜子孫娘娘，請求子孫娘娘送一個孩子來。兒媳婦因在廣東打工，回家參加祭拜儀式時順便從廣東買了甲馬紙帶回家裏用。可祭拜後很久還是沒有孩子，便又去問香火。對方回答，因其家善根較好，願來「投生」者是很多的。但投生者需請子孫娘娘指引，好幾個投生者在祭拜儀式中根本沒有認出子孫娘娘是哪位，也就無法來投生了。原因是燒的子孫娘娘甲馬紙畫得不像，使投生者無法認出，導致沒有靈驗。〔註3〕

〔註3〕訪談對象：李本元（化名），女，85歲，訪談時間：2015年3月8日，訪談地點：巍山大倉鎮開發區廣場，訪談人：杜新燕。

2. 刻版

　　我曾拜訪過雲南省巍山彝族回族自治縣的紙馬藝人蘇寶鎮先生和他老伴
劉存惠女士，蘇先生當時 64 歲，老伴比他小兩歲。老兩口在古城文華北街 81
號開了個紙火店，店後的筒子房是他們家。他們除了賣紙火，也自刻紙馬賣。
在他家，他們為我講解紙馬的用法，還專門演示了怎樣雕版印製的大致過程。
蘇先生刻紙馬的雕版，用的是自製的工具。雕刀，就拿一截鋼鋸片，磨成斜口
或平口刀，用麻線綁在木柄上。用這樣的刀刻雕版圖像，猶如魯迅當年推薦的
德國版畫，直刀向木，風格粗獷。

刻板。雲南巍山，2009，鄧啟耀攝

紙馬雕版技術，已經成為非物質文化遺產，進入文創產業。雲南大理，2001，鄧啟耀攝

3. 印製

印製的工具也很簡陋，大致就是在一截短木棒上捆紮些布，蘸墨抹在雕版上，擺一張紙，用棕拓平擦幾下就行。如果套色，就需刻很多塊版，一個色一塊版。印時要小心固定紙張和套版的位置，以免錯疊。

紙符的印製，一般用當地生產的土紙。雲南巍山主要有兩種，一種是近乎皮紙但韌性很差的灰褐色土紙，一種是商店賣的薄白紙和彩色紙；大理和騰沖印製紙符主要用棉紙，特別是騰沖界頭產的棉紙，柔軟吃墨，具有某些宣紙的特性，印出的紙符效果很好。

上墨。雲南巍山，2009，鄧啟耀攝

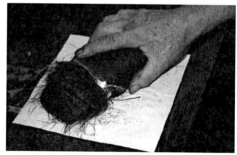

拓印。雲南巍山，2009，鄧啟耀攝

木刻工具和剛剛印好的紙馬，雲南巍山，2009，鄧啟耀攝

雕版。雲南巍山，2009，鄧啟耀攝

壓紙切紙的設備。雲南巍山，2009，鄧啟耀攝

印製馬子的齋奶。雲南巍山，2001，鄧啟耀攝

朱仙鎮年門畫套色印製（第三版示範）。河南開封博物館年畫展廳，2017，鄧啟耀攝

朱仙鎮年門畫套色印製（第三版示範）。河南開封博物館年畫展廳，2017，鄧啟耀攝

套色過程。河南開封博物館年畫展廳，2017，鄧啟耀攝

4. 翻版

翻版是最為常見的方式。舊版用得太久，破損或圖像模糊，這時就要雕刻新版。新版必須套用舊版，年代越久遠的，越具權威性。由於刻工不同，即使是翻版套刻，也會出現圖像和技法的差異。

紙馬的製作，以承續傳統為第一要義，禁絕「創新」。一般是以舊版為摹本，複製轉刻。但因為版本不同，轉刻中由於母版模糊殘缺、刻工技術或理解問題，也會出現差異。比較常見的有翻版、挪用、修飾、錯訛等方式，近年有人用電腦製作和修圖，又出現一些新的情況。

 →  →

水草捲（圈）神。雲南巍山　　水草捲（圈）神。雲南巍山　　水草捲（圈）神（電腦機制）。雲南巍山

5. 挪用

挪用的可能原因是原版遺失，不得不借用相似的版子，稍加修改，偷樑換柱；也有完全照搬，只是改換名目。

 →

捲（圈）神。雲南騰沖　　　　　草仙。雲南騰沖

灶君。雲南巍山　　　　　　　　　　閤家同樂。雲南巍山

6. 修飾

　　出於沿襲傳統的習俗，紙馬的製作一般不允許修飾。但如果出現缺損，或觀念發生變化，則有可能對原版進行修改或修飾。有的紙馬藝人基於觀音是女性的俗尚認知，就把原版觀音的鬍鬚去掉，臉改了，但改動部分沒有民間木刻的力度，十分小氣。由於理解問題，對於觀音身後的萬字符號，製作者竟然不識。符咒上的內容，有的民間藝人並不知曉，只好「寫意」一樣模仿，圖個意思到就行。

觀音老祖。雲南巍山　　　去須的觀音老祖。雲　　　萬字符消失的觀音老
　　　　　　　　　　　　南巍山　　　　　　　　祖。雲南巍山

7. 錯訛

　　文字的刻版，比圖像刻版更細緻得多。雖然雕版印刷在中國有悠久歷史，但對於許多不識字的民間藝人而言，這卻是一個極麻煩的活。出現錯訛的原因

很多。有的是因為刻工不識字，刻圖尚可，刻文字時依樣畫葫蘆，出現錯訛，甚至完全不可辨識；有的對簡體字繁體字的轉換中用錯了字。我們可以比較下面兩張在同一地區使用的「信鎮方」或「雷令符」，原版的文字和符咒是可辨識的，但經多次轉版重刻之後，所有文字和符咒均已變成一些貌似文字而不可辨識的線條。它們之所以還能流通並在儀式中使用，說明人們在意的不是紙符信息的準確性，而是所舉行儀式的象徵性。

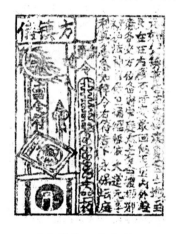 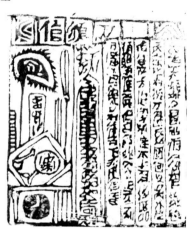

五方鎮信。雲南保山　　　　此版刻工可能不識字，所刻咒文全不可識。雲南保山

白龍蒼龍財龍。雲南巍山　　　其中「才（財）龍」為錯字。雲南巍山

8. 從手工製作到電腦機印

紙馬的製作，過去一直是手工刻版，手工印製，版畫的刀趣和版味十足，

不同刻工有不同風格。近年使用電腦製作、機器印刷紙馬的情況越來越多，一般是套用某一張舊版，文字用電腦規範字，批量印製，千篇一律。

瘟司聖眾。雲南巍山

機制瘟司聖眾。雲南巍山

四方大帝。雲南巍山

電腦製作的碼子，改了個別
錯字。雲南巍山

鬼門關。雲南巍山

鬼門關。雲南巍山

二、民間雕版木刻的銷售與流通

　　民間雕版印刷品的銷售，在兩宋時代，就已很普遍，在城市裏有專門印刷和發售紙馬之類的「紙馬鋪」。孟元老《東京夢華錄》述：「近歲節，市井皆印賣門神、鍾旭、桃板、桃符，及財門鈍驢、回頭鹿馬、天行帖子。」〔註4〕吳自牧《夢粱錄》：「歲旦在邇，席鋪百貨，畫門神、桃符、迎春牌兒；紙馬鋪，印鍾馗、財馬、回頭馬等，饋與主顧。」〔註5〕

　　在廣東，賣香燭的店鋪會備有成套的「觀音紙」「祖先紙」「財神紙」「土地紙」等，用塑料袋包裝好的套符裏，配有相應的貴人紙、祿馬、黃紙之類（紙錢則需另外購買），以應對顧客不同時間不同祭祀的要求。雲南巍山、騰沖、大理、保山、畹町一帶的縣城或鄉鎮的雜貨鋪、紙紮店或地攤，現在還在賣這類土紙拓印的民間雕版印刷作品，批發價小的 3 元一百張，零售賣 5 分錢一張；批發價大的 7 元一百張，零售賣一角多一張。主要內容為當地信奉的神（鬼）圖像及符籙，專用於各種祭祀、禳祛活動。近幾年，大理等地旅遊點，把紙馬作為旅遊文創產品銷售，竟然買到二三十元一張。不過，其他地方的紙馬價錢出入不大，一些地方是躲著賣的，只有「行道」上的人才摸得著買。巍山等地的馬子是公開在街上店鋪裏擺著賣的，品種很多，刻工和印製也還不錯。有的人連雕版也賣，幾十元上百元不等。由於需求量大，有的採用電腦機印，迅速擠壓了手工雕版木刻的市場。

　　賣馬子的店鋪，一般也賣香燭、黃錢、冥紙及各種紙紮工藝品，主要是做給亡人的紙製冥器，用於喪事或追薦亡人。另外，過去打醮、做會、求雨、過節，也會紮一些紙紮工藝品。紙器的製作是用竹篾做骨架造型，外糊綿紙，再貼上剪紙的圖案，裝飾勾畫塗描，集紙紮、塑、剪紙、繪畫為一體，可以紮塑人物、動物、建築、用具、神怪等等，是一種別致的民間手工藝作品。在紙火店裏，最引人注目的當然就是那些色彩鮮豔、製作精良、堪稱工藝品的紙紮器了。紙製冥器品類齊全，幾乎涵蓋一個美好家園日常生活所需的全部內容。傳統的紙紮器通常包括：布匹衣帽、箱籠篋櫃、樓房宅院、車馬侍從、牲畜動物，象徵富貴的金山銀斗、搖錢樹、聚寶盤、存放錢財穀物的倉

〔註4〕（宋）孟元老：《東京夢華錄（外四種）》（據《知不足齋叢書》本校點排印），上海古典文學出版社 1956 年版。
〔註5〕（宋）吳自牧：《夢粱錄》，浙江人民出版社 1984 年版。

庫等等。當然，作為現實世界的真實反映，種種現代家庭電器也進入供亡者享用的紙紮清單中。「樓上電燈，樓下電話」早就被超越了，紙紮的手機、電腦也不是什麼稀罕物了。除了衣食住行一應俱全的日用用品以外，紙錢即冥幣更是必不可少的，它表明死者在另一世界中不僅要吃要穿，還要錢花。後人為死者做十分周全的考慮，辭世者今生的匱乏缺憾可以在陰間和來世得到彌補。但看得出來，本地人還是對手工紮製的金銀財寶——她們稱為「錁子」的紙錢格外看重，善信們到廟裏做朝斗時錁子是一定要帶的。在當地還有一種常用的紙紮器，稱為「上表」的，用黃紙裱糊，以木刻印刷表文，末尾加蓋神靈大紅印章，莊重異常。這是一種在廟堂做會或某戶人家做大型法事時，由廟祝或先生代事主上奏天神，祈求清吉，年豐人壽，賜福賜祿，六畜興旺等等良好心願的奏表，它代表著人間與神界的交通往來的書信。

製作紙器的人叫做「紙匠」，手藝大多私授家傳。有的過去也是居家道士，如在縣城開喪葬紙品店的張永照老先生。張先生家住巍寶山下的洗澡堂村，以前一直帶徒做法。近年中風後體力漸吃不消，所以改在縣城開了家買紙錢香燭的小店，只做些抄寫表文、誥書之類的零碎活。據老人講，他們這行一般年紀大了的都不再出去給人做法，而是交給年輕的徒弟。張永照先生家從曾祖父輩開始便是居家道士，世系傳承一直未斷，他的兩個兒子張發猛、張永宏也是道人，現在還在「接活」。他拿出清朝一直傳下來的做法道袍讓我們看，道袍一代接一代縫補，已經幾乎看不出原樣。

這類店鋪俗稱紙紮店或「紙火店」——因為這些紙紮工藝品都是要用火焚燒的。古城的老百姓在21世紀依然相信這些紙糊的東西到了另外的世界可以變成真的，所以，每逢親人去世，或是在清明、中元等特別的日子，陰陽兩界實現三通，就要趕快寄送大量信件、金錢和日用品等到彼世。郵寄或匯款的公認方式是焚化，也就是把所有要寄送的東西，在出殯當日或「復三」（去世後第三日）、「五七」（去世後第三十五日）時燒掉。與活人的世界一樣，這些作為亡者在另一世界中的用品，也是品類齊全的。穿的用的有老式的布匹衣帽、箱籠篋櫃、樓房宅院、車馬侍從，也有新式的冰箱、彩電、手機、轎車等等，衣食住行，一應俱全而且「規格」越來越高。甚至「陪葬」歌星或三陪男女，也時髦起來，成為流行的樣式。

冥錢也是被大量燒化的東西。冥錢有兩種，一是本地人用塗了金粉或銀粉的土紙手工折紮製的金銀財寶——「錁子」，舉行傳統的活動，比如做會，

一定要用這種古錢；另一種是「冥府銀行」發行的鈔票，面值從幾十元到一百億元不等，印得跟美元人民幣一樣感覺，只是冥幣上的頭像給換成了閻王。給亡靈焚化的，兩種都有，還要加上大量金山銀斗、搖錢樹、聚寶盤、存放錢財穀物的倉庫等等。人們拿不准，下面的那個世道，是不是也像上面這個世界一樣「變化快」，所以不管三七二十一，多多益善。現在還時興給活人燒紙錢，說是先存在「冥府銀行」裏，給自己留一手，相當於在陰間投保。我覺得這些印鈔和使錢的人都挺逗的，就知道自己一定下地獄，就不怕下面通貨膨脹。

還有更讓人苦笑的，是在親人上路去彼世時，人們不僅要讓亡靈有足夠的盤纏，還要念著各種野外的路鬼山神、衙門裏的冥官陰差們的名號，燒給它們大把的冥錢，好像這些管事者和掌權者，都是些貪官污吏。這或許是一種現實心態的無奈投射吧。

縣城的紙火店，有大量紙馬出售，5分錢一張。雲南巍山，2001，鄧啟耀攝

市集中擺地攤的紙火香燭。雲南昆明，2008，鄧啟耀攝　　老街上的紙火鋪。廣東順德，2016，鄧啟耀攝

賣紙馬的紙火店。雲南巍山，2001，鄧啟
耀攝

農貿市場上的紙火攤。雲南畹町，2001，
鄧啟耀攝

來紙火鋪買紙馬紙錢的老人。雲南巍山，2009，鄧啟耀攝

流動賣紙火的小販。雲南
大理，2000，鄧啟耀攝

三、民間雕版木刻使用規則及禁忌

　　道教十分重視符籙的書寫方法，認為：「畫符不知竅，反惹鬼神笑；畫符若知竅，驚得鬼神叫。」〔註6〕據道公Z介紹，寫符時須集中精神，一氣呵成，如果筆墨幹了也不能再沾墨繼續寫，寫的時候不能和其他人說話，要凝神屏氣。〔註7〕昆明的至果道人說，有的符，由於神通太大，只能道人自己掌握，不可亂傳，否則要犯戒。比如「光符」，將此符畫在紙上，看得見光；畫在水裏，畫在手上，也看得見光。能辦一切事情。所以，就特別不能亂傳，以免壞

〔註6〕《道藏》，文物出版社、上海書店、天津古籍出版社聯合出版1988年版，第28冊674頁。
〔註7〕張敏：《年例的奔走——廣東省高州地區年例習俗的人類學考察》，中山大學人類學系碩士論文（指導教師鄧啟耀），2006年6月。

人用它幹壞事。也不能拿錯,「鐵路那邊有人生病,給他們畫了符,符拿錯了,老兩口怎麼都不好,打電話問我,我叫他們把符取走,就好了。有些符,不是教門弟子,受不了。就像中醫下藥,要合適才行。俗話說:人參殺人無過,砒霜救人無功。藥性和用量的把握,十分重要。還要看修持,正用於正則正,正用於邪則邪。」〔註8〕

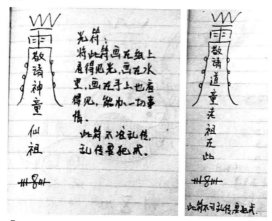

「敬請神童仙祖」和「道童老祖」的光符。雲南
昆明至果道人提供

　　民間製作和使用符像馬子都有一些禁忌。有的紙馬,則直接把祭祀期間的某些禁忌刻寫在紙馬上。如雲南昆明的灶神紙,在灶神下面再刻一神兩虎,邊上注明禁止污穢、刮鍋字樣。民間過年前祭祀灶神,首先要做的事就是清潔灶臺。

禁止污穢、刮鍋的灶神
紙。雲南昆明

〔註 8〕訪談對象:至果道人,訪談時間:2008 年 12 月 24 日,訪談地點:雲南昆明「玄機閣」,訪談人:鄧啟耀。

在雲南巍山、楚雄、騰沖、梁河等地,被稱為「甲馬」的紙符,由於專用於仇殺報復的秘密目的或黑巫術,不能輕易製作、銷售和使用。除了信得過的道人,一般不輕易出售給人。

田野考察實錄:滇粵雕版木刻使用禁忌

2009 年的一天傍晚,我在巍山彝族回族自治縣古城紙紮店調查這類雕版木刻作品時,向文華北街 81 號紙紮店劉大媽買一些紙馬。她見我要得多,索性關了門,帶我進院,從家裏紙箱中翻出一堆紙馬。我向她請教紙馬的用法,倆夫婦停了手中的活計,一張張不厭其煩地說給我聽。說到「厲害」的(一幅標明「甲馬」字樣的紙符),劉大媽一開始不願賣給我,說:「一塊錢一張都不會賣。也不是不賣,而是要賣給懂得跳神的先生」。他們反覆問我要拿它做什麼用,直到明白我是民俗學研究者,收藏研究用的,她才願意給我,還一再交待:「這個馬子太無聊,不能亂用,用錯了對人對己都不好。」她告訴我,做這個行當,要上了 40 歲才能做,不然「背過失」。她是婆婆教的,年輕時不讓學,婆婆說:年紀輕輕的不能做,背過失,好事做成壞事。〔註9〕臨走,我多付了一倍的錢,作為他們接受訪談的報酬。他們接錢的時候,竟不好意思起來,硬要留我吃晚飯。

在雲南騰沖和順僑鄉,紙馬店老闆寸守尊先生向我介紹「甲馬」紙符的作用:「人遇到家裏東西常丟失,拿甲馬供起,別人知道就不敢去偷了,再偷會被『咬』著。打爛架(械鬥)也一樣,互相整蠱,就會用這個馬子。」〔註10〕

雲南梁河縣青木寨鄉水箐村村民李仲然告訴我:「甲馬是專門在爭吵、詛咒、作歹(類似放蠱的黑巫術)時候用的。誰的東西丟了,懷疑是某人偷的,某人說自己沒有做過,又拿不到證據。這個時候就買來甲馬紙,當事人雙方一起到寺廟裏,磕頭祭獻,詛咒說:『某某如果拿著某某的東西,當時就死,騙你也會著(倒楣);如果沒有拿,虛來過往亂詛咒人,就要著。』作歹的人也用這個甲馬紙。歹婆是陰傳的,會三代。」〔註11〕

民間認為,每張甲馬紙要用在合適的地方,不同的甲馬紙有不同的用法,

〔註 9〕訪談對象:紙火店老闆娘劉大媽,訪談時間:2009,訪談地點:雲南巍山古鎮,訪談人:鄧啟耀。

〔註10〕訪談對象:紙馬店老闆寸守尊,訪談時間:2001,訪談地點:雲南騰沖和順僑鄉,訪談人:鄧啟耀。

〔註11〕訪談對象:村民李仲然,訪談時間:2001,訪談地點:雲南梁河縣青木寨鄉水箐村,訪談人:鄧啟耀。

不能隨便混亂，亂燒亂用。若用錯了甲馬紙，當然就不會有效果。這種「用」的觀念實際上為甲馬紙的使用提供了一種規範。如過關甲馬，整套36張，便是在小孩過關儀式中使用。此外，人們手疼、腳疼就用「獨腳五郎」，家裏常吵架就用「口舌」，有客人來家裏哭過，家人做事不順利，就用「哭神」，祈禱六畜興旺用「水草圈神」，身體弱，用「瘟神」、「白虎」、「梟神」、「太歲」等等。每張甲馬紙都有固定的用法，若用的不對不僅不靈驗還會有災難。

　　事例一　李某今年67歲了，身體不太好。有一次莫名其妙腳疼，就吩咐孫子到街上買幾張甲馬紙回來燒。孫子不相信燒甲馬紙對他的病有用，便隨意買了幾張回來。李某因腳疼無法出門，便吩咐兒媳和孫子為他準備獻祭之物，獻祭神鬼，並燒甲馬。但之後數日，李某經常做一些怪夢，常常半夜被驚醒，身體狀況越發不好。吃了很多藥也不見效，他心中疑惑，便找人看香火，才知那次儀式中家人亂燒甲馬紙，引來鬼怪糾纏，才使他的病越發嚴重。〔註12〕

　　事例二　張某在55歲生日那天突然上吊死了。村里人對他上吊的原因百思不得其解，張某身體健康，家境殷實，夫妻感情很好，有一子一女均已成家，很聽話孝順。在村民看來，他過著吃穿不愁的生活，沒有任何理由要自尋短見。其妻講述，張某在去世前一天還開開心心和她一起去做客，晚上回來看電視還笑個不停。電視看完後，她先休息了。迷糊中聽到張某說，他要走了，也並不在意。誰知第二天，卻發現張某已經不在了。村裏流傳，張某去世原因很離奇。他去世前一個月，曾和鄰居李某到過一座寺廟。回來後兩人精神狀態都不好，還出現一些反常行為。有一次為爭奪一根繩子大打出手，而兩人都沒有使用那根繩子的需要。旁邊很多人勸解都沒有用，最後張某拿了菜刀將繩子砍成兩截，一人一段。李家和張家注意到了兩人反常的行為，為他們做了儀式，獻祭了神鬼。村里人議論，張某出事的原因在於張家做儀式時沒有燒替身甲馬，太可惜了，替身甲馬可以為人代死做替身，李家燒了，李某便沒有死。張家在這種情況下用錯了甲馬，是沒有作用的。〔註13〕

〔註12〕訪談人：李本元（化名），女，85歲，訪談時間：2015年3月8日，訪談地點：巍山大倉鎮開發區廣場，訪談人：杜新燕。

〔註13〕訪談人：王若蘭（化名），女，60歲，訪談時間：2018年6月1日，訪談地點：巍山大倉鎮開發區廣場，訪談人：杜新燕。

　　上述兩個事例都是甲馬紙沒有遵循使用規範，導致沒有靈驗效力的例子。在當地人的觀念裏，甲馬紙一旦在儀式中被使用就不是一張簡單的圖畫，而是具有意義與指向的一種行為。〔註14〕甚至黏包封，也有一些禁忌，比如不能用食指塗糨糊，只能用中指，因為食指是惡指，指人罵人都用食指。這與西方以豎中指為惡指是不一樣的。

　　也有的地方或法師不太在乎這些禁忌。在廣州，我接觸到一位職業幫人打卦看風水做法事的 L 姓畬族居家法師。有一次參加他主持的一個法事，我和朋友請教他：

　　　　問：L 師傅，這個儀式有什麼禁忌沒，例如什麼人不能參加，不能看之類的。

　　　　L 法師：沒有。

　　　　問：做儀式之前有沒什麼特別注意的，例如，沐浴更衣？

　　　　L 法師：沒有，我做事情百無禁忌的。就像葬山，以前的師傅不讓女人去，我誰都可以去，老人也可以去。

　　　　問：不是有些人會沖的嗎？例如屬性沖的要迴避之類的？

　　　　L 法師：就是下葬的那一刻，把臉扭開或走開而已，葬完之後，就沒事了。

　　　　問：您在做儀式之前有沒有什麼特別注意事項，做完後呢？

　　　　L 法師：沒，我是請神，做完事後把神送走就可以了，沒事的。

〔註15〕

田野考察實錄：廣東佛山禪城紙紮店採訪

　　　　問：你們做這一行有沒有特別的習俗或者禁忌？就是有什麼東西不可以做的？

　　　　阿姨：沒有什麼不可以做的，我們都有營業許可證的。那時候殯儀館想壟斷，我們有牌就可以做生意，不讓殯儀館壟斷了。傳統的風俗就是家人去世了都想來買一套壽衣，讓他光光鮮鮮穿套新衣服離開。

〔註14〕本項目成員，中山大學人類學博士、大理大學民族文化研究院副研究員杜新燕調查撰寫。
〔註15〕訪談對象人：廣東清遠畬族 L 姓法師；訪談時間：2013 年 5 月 12 日，訪談地點：廣東省廣州市某住宅小區，訪談人 DXJ、鄧啟耀等。

問：我發現一個現象，以前都是燒這些（紙錢紙符），後來現在燒冰箱什麼的。

阿姨：燒大屋就是求個心安理得。

問：有沒有賣什麼其他比較特別的，像我爺爺去世的時候好像燒了麻將，還有什麼其他的嗎？

阿姨：有，冰箱啊、微波爐啊，什麼都有。所謂「金山銀山，讓他有靠山；金條銀條，要過奈何橋。」去世之後魂去了另外的地方，他們要回來，首先要過奈何橋，渡河鴨等等。現在還發展了，渡河鴨不夠就渡河船也有。等先人回來重新做人，這些是流傳下來的說法。

問：我在雲南的時候他們他們也會用這些金山銀山。還有更大的嗎？

阿姨：有，當然有。平時他們允許我們賣，但是清明節那些都不允許燒的了。因為政府都不允許燒的。

問：佛山有沒有過七月十四（鬼節）？

阿姨：有人買來燒的。

問：好像有些地方有人買回去然後折成小船然後在河裏放。

阿姨：我們這裡沒有，我們都是燒鬼仔鞋，衣紙等。現在很多人的理念都是要燒的，覺得燒了就身體健康，心安理得。

問：為什麼叫「鬼仔節」？

阿姨：相傳那天小鬼會跑出來，然後燒些東西給他們他們就會回去。

問：我爸爸媽媽說七月中不要周圍去。

阿姨：七月到時候不要周圍逛，以防碰到很多「不乾淨」的東西。那些東西會在街上游蕩。

問：我們那邊就發生了這樣的事情，說小朋友會碰到些水鬼。

阿姨：總之這些東西迷信也是迷信，但是有些東西你又不知道信不信好。有些東西解釋不了，毛主席都說過有信仰自由，你信就有，不信就沒有。你們現在的讀書人漸漸地沒有以前的人迷信了，說不定以後拜祭你們都用電腦來裝香了。

問：現在年輕的小夥子都不知道這些是什麼吧。

阿姨：不知道了，很多都不知道了，像我的兒子，都不知道。

問：因為做「死人生意」，平時會不會特別地拜神？

阿姨：拜神我們當然會拜，七月、過年、清明這樣的節日等等我們都在門口燒些香紙。

問：是什麼時候拜什麼神應該有規矩吧？

阿姨：沒有分什麼神的，我們都不分的，一般都在門口燒下。有些做生意的就拜關公，有些拜觀音。

問：佛山人都拜自己的祖先嗎？

阿姨：當然拜了，有些人每天都會上三根香，有些人會在大節才拜。

問：我看到那裏有貼著「百無禁忌」。

阿姨：這個意思是我說什麼都行。

問：一般做你們這一行的都會貼這個的嗎？

阿姨：不是，只是我們比較喜歡。

問：「百無禁忌」是什麼意思？

阿姨：就是大家說什麼都行，例如大家在一起說迷信說什麼都行。也就是說，平時說話不小心得罪了你，就不要怪我了。

問：一般做生意都要貼這個嗎？

阿姨：一般做生意都不貼這個，在工廠裏面或者在家里人群多的地方就貼。或者說到迷信，不小心說了什麼，那些鬼鬼神神都不會怪我。〔註16〕

田野考察實錄：雲南巍山紙馬使用中的「潔」與「不潔」

雲南巍山民間認為，甲馬紙能否靈驗，關鍵是使用者或與此相關者「潔」還是「不潔」。所謂潔，既指身體的潔淨，也指道德品質的高尚，做人做事沒有污點。當地把違反「潔」的行為叫做「背過失」，無論是儀式主持者還是事主，只要做了「背過失」之事，也就是違反了潔的行為規範，甲馬紙就不會靈驗。

〔註16〕訪談對象：彭姓紙紮店女店主，訪談時間：2011 年 8 月，訪談地點：廣東佛山禪城錦華路 66 號向民紙紮店，訪談人：熊迅等。

事例一　李家5歲的兒子出門玩了一趟回來就噁心嘔吐、發高燒。送到醫院掛了吊瓶暫時止住了症狀，回到家後又繼續發作。孩子的奶奶見病情沒有好轉的跡象，便想到「神藥兩解」，讓兒媳婦去街上買了幾張甲馬，準備飯菜及香燭紙錢，晚上舉行獻祭儀式，幫孩子送送（鬼怪）。兒媳婦到街上買了甲馬紙，又回到家按婆婆的吩咐準備了獻祭品，在婆婆的帶領下舉行了儀式，並焚燒了甲馬紙。但儀式過後幾天，孩子的症狀並不見好，家人只好帶著孩子上省城醫治。孩子被送去省城治病後，奶奶牽掛、擔心、自責：「神藥兩解」的方式並沒有湊效，總是琢磨甲馬紙為何沒有靈驗。後來才知道，原來是兒媳婦在舉行儀式的那天正值月經期，儀式由兒媳婦準備並參與，是觸犯了「潔」的禁忌，身體污穢的人碰了甲馬紙，是不可能靈驗了〔註17〕。

當地人認為，使用甲馬紙時，「潔」是一個很基本的前提條件。在「潔」的禁忌中，身體的不潔淨既指女性月經期間的污穢，也指吃了蔥、薑、蒜等氣味較大的食物而產生的異味，也包括數年數月不洗澡使身體產生污垢，當然這種情況在調查中發現的較少。

事例二　周孀今年55歲，常年吃素、念經，也較熟悉當地民間各種儀式程序，常被村民邀請主持各類儀式。有一次，張某家有人生病，請人看了香火後需要送魂，張家便準備了儀式的獻祭品及甲馬紙、香燭紙錢，請周孀到家裏為他們張羅儀式。周孀熟諳儀式程序，在送魂儀式的前一天特意沐浴，第二天穿戴整齊來到張家為他們準備儀式所需物品。當地有用豌豆粉油煎後獻祭鬼神的風俗，周孀帶去的小孫女聞到油炸豌豆粉的香味特別想吃，便不斷央求周孀給她吃一塊。周孀清楚獻祭物在未獻祭神鬼之前是不能被人私自偷吃的，便拒絕了孫女的要求。但小朋友抵制不了食物香味的誘惑，大人越不讓吃，越吵鬧著要吃。最後，周孀被吵鬧得沒有辦法，便趁人不備塞了一塊豌豆粉給小孫女，讓她在沒有人看見的地方躲著吃，便又接著忙儀式的其他事情了。但這次儀式並沒有取得預期的效果，事主家並不知究竟，周孀卻很自責。她認為甲馬紙不靈驗的

〔註17〕訪談對象：李本元（化名），女，85歲，訪談時間：2015年3月8日，訪談地點：巍山大倉鎮開發區廣場，訪談人：杜新燕。

原因在於自己「背了過失」，私自偷取獻祭物品，做了不乾不淨的事，才導致這樣的。她非常後悔自己參與了很多儀式都能管住自己，沒有做什麼不乾淨的事，這次一個小疏忽竟讓神靈知道了〔註18〕。

「潔」的內涵是多方面的，既指身體的潔淨，也指道德品質及行為上的高尚純潔。而指涉範圍則指儀式準備者、儀式主持者，也指舉行儀式的事主家。當地還流傳一些事主家無論做多少儀式，焚燒多少張甲馬紙都沒有靈驗過的事例。原因在於這些事主家出過品行特別不好的家庭成員，或是偷雞摸狗，或是良心不好，或是作風問題等等，這些人都是「背過失」很多的，即違反了「潔」的禁忌，甲馬紙是不會靈驗的。〔註19〕

〔註18〕訪談對象：周菊花（化名），女，55歲，訪談時間：2017年4月15日，訪談地點：巍山永建鎮蘿蔔地村，訪談人：杜新燕。

〔註19〕本項目成員，中山大學人類學博士、大理大學民族文化研究院副研究員杜新燕調查。

第三章　符籙及傳遞

　　昆明的至果道人曾一再對我說：「畫符不如念咒，念咒不如掐訣，掐訣不如心意，心意不如敕慧。」心意和敕慧，我一時無法見證，便摸出我本次去怒江考察（2008 年 12 月）時，路過保山收集的一些紙馬，向張師請教圖像符籙之類的問題。他從自己的供案裏拿出兩張木刻手印的雕版印製品，一種用紅色顏料印有圖像和文字的黃紙，手掌大小，叫「龍票」；還有一種 16 開大印有符咒的黃紙，叫「度牒」。這兩種符籙都是舉行正式道教法事的時候使用的，要用銀硃、朱砂，赤紅色印，而且在製作的過程中念咒：「這就像是防偽標誌了。這樣的龍票才管用。」他說：「你拿的這些紙馬，是一般老百姓用的，我們不用。這些東西說它是巫師做的，都還抬舉了。它力量太小，我們看一眼都會走掉的。這些紙馬，只算小錢。龍票才是大票，相當於人民幣 50 元 100 元的大鈔。」在道士或「入了門」的弟子眼中，同是雕版印刷作品，等級卻大有不同。為了讓我有更多見識，他特意打電話給他在十多公里外嵩明縣法界寺文昌殿當家的弟弟至傑道人，讓他帶一些雕版紙符過來。

　　第二天我再去，至傑道人已經帶來一些雕版紙符，計有消災疏、誦經消災疏、度牒、解厄牒、疏文幾種。消災疏用於拜年、生病、遇事不順；誦經消災疏也是用於拜年、生病、遇事不順，但功不一樣，聖號不同，上到不同的部門，所求不一；度牒有兩張，一張疏文，一張表文，一般神職上疏，最高神職上表，地府十殿都用表，有的還要上榜，用大字書寫，張貼；解厄牒用於犯太歲，有沖克，如今年鼠年，沖馬、兔，本命年屬鼠的，要消災解厄；疏文有求財疏、求學疏、求功名疏等等，所求不一，用不同的疏。

2009 年我到老撾考察，路過昆明時再去拜訪至果道人。我向他請教符籙的問題，他介紹，道教符籙的種類很多，大致有驅邪、祈福、治病幾種。為了讓我明白，他拿出珍藏的筆記本，上面有他抄自他 95 歲師父的符，給我具體講解：〔註1〕

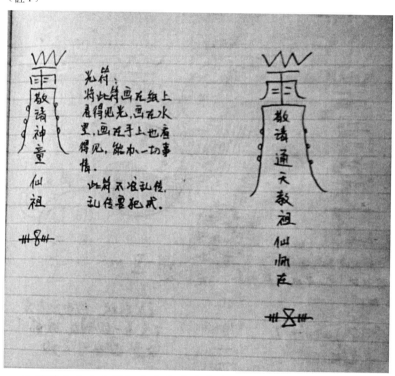

至果道人在自己筆記本上畫的請神符。雲南昆明至果道人提供

龍門派的符籙，有符頭、符身和符尾。符頭用三清，那三個勾就代表三清；符身是符的內容，用於什麼，就畫什麼；符尾有兩種畫法，一像八字，一像叉叉，代表此章到這裡結束，或者代表署名，畫符的是誰。

一、符表和文牒

符是道教科儀常用之物。符主要有三種：一是符表，二是符咒，三是符圖或符像。

符表或文牒，以文字為主，是呈送給靈界的文書。

〔註 1〕講述人：至果道人，訪談時間：2008 年 12 月 24 日，2009 年 4 月 7 日，於雲南昆明「玄機閣」。

文儀刻版

以文字為主，包括各種呈送給靈界的文書，雕版木刻印製。

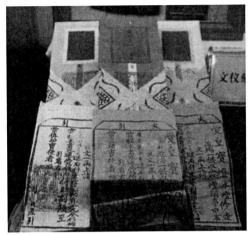

文儀刻版。雲南大理

疏文

它們屬於啟玄獻玄文書或各類疏奏，需要簽名發送。這些表文，以及亡魂在地府裏的昇天功德文憑、「無上三皈九真妙戒壇牒」等，都裝在一個用紙製作的長方形套封或「牒殼」裏。上書「土府太皇宮呈進」、「先天露落府呈進」、「金輪如意府呈進」、「后土蕊珠宮呈進」等，套封或「牒殼」上貼有八卦、聖人牌馬子，或用雕版木刻印出仙童蓮花。這些文書和「陰陽牒」，做一個法事燒三道，三道三道的燒。

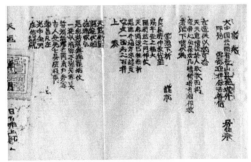

疏文。雲南巍山，2001　　　　雕版刻印的疏文。雲南巍山，2001

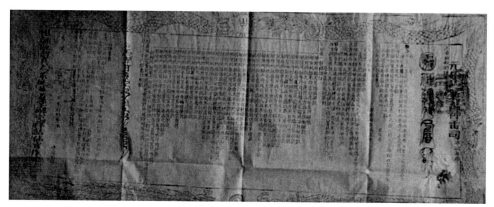

百解疏文。雲南巍山，2001

經文

長篇經文一般由法師在儀式中根據經書念誦，也有特製的短篇經文，在儀式中和其他紙符一起焚化。

土王經。雲南芒市

龍票

龍票全稱「通明宮龍票」，即冥鍬，是舉行超度亡靈等道教法事的時候使用的，在製作的過程中念過咒。刻印龍票的雕版要用雷擊木，請道士念七七四十九天咒再刻；刻好的雕版不能拿墨印，必須用朱砂、銀朱和赤紅印，印好之後還要念七天咒。這張「龍票」，上刻「公元一九九○庚午年制」，兩側書「孝悌忠信禮義廉恥」，中間框內分別有「金龍仙山」「龍票」「x 票一卷，雅銀十貫」「皇皇上帝，三教群黎，昭壇頒懇，齊拔幽冥，龍票賞雅，十貫文銀，三界知諭，陰府通行，漢壽亭侯，以作文憑。」「純陽子閱」等。

龍票。雲南昆明，2008

度牒

度牒是舉行正式道教法事的時候使用的，在製作的過程中念過咒。刻印度牒的雕版和製作方式和龍票一樣。

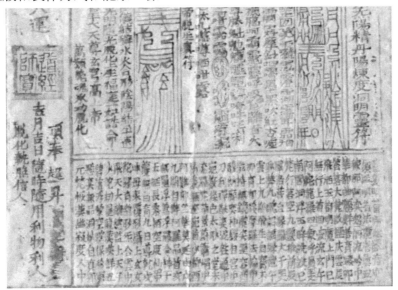

度牒。包括「黃炁陽精丹陽煉度洞明靈符」、「玉帝脫生真符」等。雲南昆明，2008

陰陽牒

呈進上天諸神的牒文。祭獻後燒的時候撕作兩半，陰牒焚化，陽牒留下。「陰陽牒」封套為長條白紙，拓印「元始一炁萬神雷司」字樣，加兩紅印，下貼一用桃紅紙印的「功曹符使」馬子。符使騎馬執牒，其傳遞牒文的職能不言

而喻。道人們怕我們不明白，解釋說：「功曹符使，就像郵遞員一樣，專職送表給天宮地府的。」

陰陽牒　　　　　　功曹符使　　　　　　　八卦馬子

牒套

又叫「包封」、文儀匣，白族語叫「兄子夾皮」。所有呈進諸神的表文、亡魂在地府裏的昇天功德文憑等，都裝在一個用紙製作的長方形包封或牒殼裏，拓印呈進諸神名號，加兩紅印。包封或牒殼上貼有八卦、聖人牌馬子，或用雕版木刻印出仙童蓮花。人死百日脫孝時，要包白鶴包封。在呈進諸神的表文、亡魂在地府裏的昇天功德文憑上填寫名字和日子，上款寫「某某年月日，亡者某某某」，下款署送包人的姓名，和在郵局寫的性質一樣。裝一份白錢（三張）。這些文書和「陰陽牒」，做一個法事燒三道，三道三道的燒。

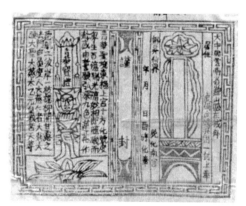

青華誥封套。雲南巍山　　　　　　　青華誥封套。雲南巍山

仙鶴蓮花童子封套。雲南巍山　　　　　仙鶴蓮花童子封套。雲南巍山

仙鶴蓮花童子封套。雲南巍山

清代封套。雲南騰沖　　　　　　　　八卦封套。雲南巍山

二、符咒和符章

符咒是以文字為主，兼有少量具象或抽象圖像的民間雕版木刻。特別是符咒中的文字，具有上達靈界明確的所指內容，所以在多被放在儀式的重要儀程，或特殊的空間中。

在信仰佛教的地區和人群中，「往生淨土神咒」等紙符在喪葬、奠亡等儀式中必用；而到信仰藏傳佛教的地區，凡山口、路邊、橋頭、廟旁，均有大量在土紙、布片上印寫「六字真言」「金剛經」「心經」及各種經咒的風馬旗，蔚為壯觀。

貼在門上的符及辟邪物。青海黃南，2006，鄧啟耀攝

在信仰道教和民間信仰的部分地區，符咒和符章的形式更為複雜多樣。針對不同的問題、儀式和需要，儀式執業者除了配發不同的符像，用符章或雞血對符像、祭品「開光」，還會在紙上或虛空中畫很多符咒。這是一些以圖像和意象化的符號為主，附加各種鬼靈名號和奇異線條的「符咒」，如以「雷」字為主衍生的許多符咒。會「畫符」，成為儀式執業者安身立命的一種特殊技能。

符章

雲南昆明居家道人至果先生向筆者介紹了符章描繪圖示。符章一般描畫或刻印在黃紙上，自上而下分別為：三個勾，代表最高神三清，這是每個符章都必須有的；下面的圖像，則根據不同神仙的名號、擅長法術，以及此符章的功用等，描畫不同的圖像。製好的符章，還要祭獻誦咒，具體方法是：把符章貼於香案前，第一道貼老君符章，第二道貼四仙姑符章，第三道貼七仙姑符章；

備紙三張，筆三支，香一盒，此香是請祖師化水時用；如請其他神靈，則用瓦三片；每天子午時，念香念紙念筆，其誦如下：

　　　　赫赫陰陽，日出東方。

　　　　念筆筆靈，念紙靈張（紙靈），

　　　　念硃硃念（靈），大顯神通，

　　　　太上老君，急急如今（令）。

　　連誦三遍。經七天的祭獻誦咒，這些符章方為「能用」。

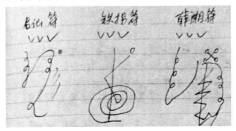

八仙符。雲南昆明至果道人提供

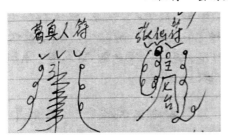

八仙符。雲南昆明至果道人提供

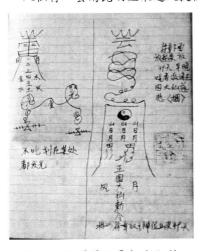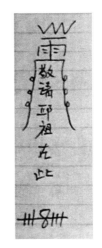

光符、正園（鎮元？）大仙符。　　　靈寶沐浴符。　　　邱祖符。雲南昆
　　　　　　　　　　　　　　　　　　　　　　　　　　　　明至果道人提供

敕令策

敕令策據稱來自上天的敕令,文字和符號皆非人間所用,只有法師能夠解讀。

敕令策雕版。雲南大理

八卦符

八卦符為常用之符,一般貼於門頭,用以擋煞,矯正風水。八卦符有八卦龍符、九宮八卦符、太極八卦符等類,配青龍白虎,也有配蓮座菩薩的。

八卦門符。雲南昆明,2019,陳力攝

八卦龍符。雲南騰沖　　　　　　　八卦龍符。雲南騰沖

太極八卦符。雲南巍山　　　　　　太極八卦符。雲南大理

五雷符

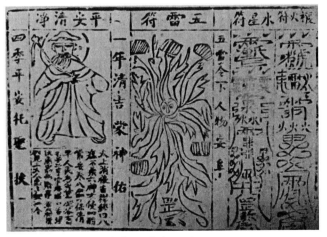

五雷符。雲南昭通〔註2〕

〔註2〕本圖採自趙寅松、楊郁生主編：《中國木版年畫集成・雲南甲馬卷》（集成總主
　　　編馮驥才），中華書局2007年版，第349頁。

符咒

符咒種類繁多，有辟邪護身符、心想事成符、清吉會中符，也有做法事用的令符、邪符和犯符。現在網絡甚至流行一些惡搞符。

康王誕遊神用的鑼上貼有符咒。廣東東莞，2011，鄧啟耀攝

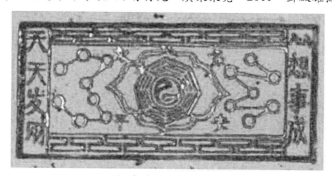

心想事成符。雲南大理

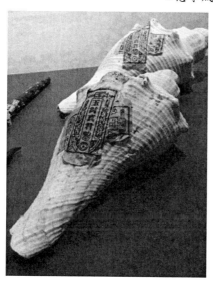

廣東惠來高蹺虎獅舞用樂器、法器所貼符籙。星海音樂學院音樂博物館展品

避邪護身符。
雲南寧洱　　　清吉會中　　清吉會中符。雲　邪符和犯符。　網絡流行的惡
　　　　　　　符。昆明　　南大理　　　　廣東廣州　　　搞符

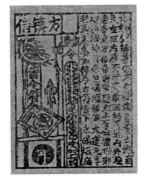

　　　五方鎮信令符。雲南保山　　　　　五方鎮信。雲南保山

印章

　　印章屬於神靈的大印，在紙馬、疏文、符咒或祭祀用品上蓋以印章，表明得到神靈認證，具有更大的靈力。如雲南神像和百解疏文上的印章，廣東省廣州市番禺區石樓鎮北帝誕印章以及廣東順德遊神小旗、腰帶護身符皆蓋有印章，它們使儀式顯得更為莊重。

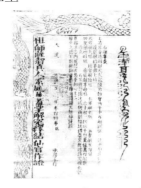

　　神像上的符章。雲南大理　　　　百解疏文上的符章。雲南巍山

在「北帝誕」期間用北帝符章蓋在毛巾上，分發
給參加者。廣東廣州番禺，2019，鄧啟耀攝

傳自清代的符章。廣東廣州番
禺，2019，鄧啟耀攝

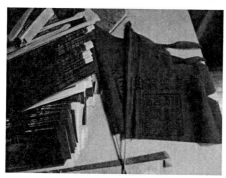

蓋有「北極鎮天真武玄天上帝之印」的小旗，是遊神中護佑之寶。廣東順德，2016，
鄧啟耀攝

蓋有「北極鎮天真武玄天上帝之印」的小旗，是遊神中護佑之寶。廣東順德，2016，
鄧啟耀攝

在紙符上也蓋符章，增加它的靈力。廣東　康王誕開封的康王印，為村民求願的紅
廣州番禺，2019，鄧啟耀攝　紙蓋印。廣東東莞，2011，周凱模攝

三、靈簽

　　「靈簽」是一種刻在整塊木板上純文字雕版，主要用來算卦。澳門大三巴哪吒廟中陳列有數十塊「哪吒太子靈簽」，每簽有上中下卦，分別用歷史典故作為卦象，如第五十上卦「匡胤弈棋」：「世態無常一局棋，分明巧拙暗投機。忽然果遂真奇遇，便是男兒志氣時，解：運有窮通，勢有不同。曰：執其兩端，用在其中。」第四十二下卦「韓愈貶朝」：「豈可膠舟涉大川，從來善惡在心田。當時不信花前語，今日藍關馬不前。解：三思後行，再思可矣。曰：三月聞韶，不知肉味。」第四十四中卦「韓信困雞」：「動止不忘鴻鵠志，何因人困在雞群。一雛不舉原無力，今日猶能舉百鈞。解：月有圓缺，雲有卷舒。曰：皆非不足，今豈有餘？」

澳門哪吒廟中「哪吒太子靈簽」局部（反轉圖像）。2016，鄧啟耀攝

澳門哪吒廟中陳列的部分「哪吒太子靈籤」。2016，鄧啟耀攝

四、符圖靈像

　　符圖主要指刻有具象人物或動物圖像，並附有一定文字的木刻作品。它們包括各種神靈、鬼怪、命魂等靈異之相，在三界之間傳遞信息的使者，以及打點關係的紙錢之類雕版木刻作品。

　　祭祀時，無論善神惡靈，都是一個紙符配三炷香、一份黃紙、一對錁子。如果是送邪靈，則將所有邪靈紙符用簸箕裝好，配送相應的香和紙錢，然後端到村外燒掉，同時要撒穀子、玉米、蠶豆、高粱、綠豆五穀（善神及做喜事不撒），稱為「出白」。

　　靈像主要有兩種，一是神鬼之像，二是人的命魂之像。神鬼之像極為複雜，不同地區不同信仰有不同的神靈系統，幾乎攬括各種正神、邪靈和鬼怪；人的命魂之像以「替身」符像為主，有時也會描繪人魂的模樣。

　　這類圖像種類繁多，數量巨大，本書將按類分列於各章中，此處略過。

五、衣錢和祭品

1. 衣錢

　　冥衣紙錢是中國民間信仰祭祀儀式中使用最為普遍的東西。人們認為，地府陰寒，故需常燒冥衣；錢財是人活著追逐的東西，人死之後，同樣不可或缺；甚至神靈鬼怪，也需要用錢「打點」。雖說「生不帶來，死不帶去」，但希望亡靈在另外世界不愁吃穿，卻是後人的一片好心。像人間一樣，冥府也有冥府銀行，流通各種貨幣，從古代的銅錢元寶，到今天的人民幣美元，都有發行。或許是燒紙錢的人太多，陰間通貨膨脹，上百萬千萬甚至上億面值的鈔票，越印越離譜。

冥衣

　　冥衣是祭祀中常見的法物，和雕版木刻紙符配合使用。冥衣有幾類，一類是祭祖燒給亡靈的，一般沒有紋飾，但近年受奢華之風影響，冥衣也越做越華麗。一類是配在神佛套符裏的，如廣州「拜觀音」套符，就會配有「觀音衣」，各色紙單色或複色套印觀音、大悲咒、淨瓶、蓮花、龍鳳等；潮汕地區在神誕時，也要製作一些印製精美的紙衣。紅袍有鳳紋的用於女神，其他

顏色有龍圖案的用於男神，但司命公和招財爺（財神爺）也可穿紅色。還有一類具有法器作用，可用於收服鬼邪，如清人袁枚所述：「以五色紙剪成女衣十數件，（鬼來，誘其竊衣）乃盡服之。衣化為網，重重包裹，始寬後緊，遂不能出其陣中。」〔註3〕

觀音衣。廣東

龍袍。廣東

紙鞋。雲南大理

「拜祖先」套符中的紙衣。廣東廣州

「拜觀音」套符中的觀音衣。廣東廣州

〔註3〕（清）袁枚：《子不語》（據乾隆五十三年隨園刻本）卷一，朱純標點，嶽麓書社1985年版，第17頁。

龍袍　一般在神誕時使用。紅袍用於女神（阿娘、伯媽）。
其他顏色用於男神。但司命公和招財爺（財神爺）也可穿
紅色。有龍圖案的男神可穿，女神一般穿鳳，但多數袍上
龍鳳皆有。廣東普寧，2016，陳丹攝

冥錢

亡靈或冥界使用的金錢。仿照舊時銀票或鈔票，在紙上印冥王肖像、「豐
都冥幣」及面值之類字樣。近年，冥界似乎也捲入了「全球化」浪潮，美元、
歐元等開始流行。而且，冥幣的面值越來越大，有高達數億元一張的大鈔。

冥財萬貫。雲南文山

豐都冥幣。雲南昆明

冥通銀行。廣東廣州

天地銀行。廣東廣州

金方銀方

亡靈或冥界使用的最傳統的金錢,在紙上印一方金箔或銀箔,有的套印福祿壽及土地金、關帝金等文字圖樣,做成元寶式樣,多在院裏燒。祭祖悼亡,或七月半祭鬼時,和「往生淨土神咒」、男魂、女魂馬子一起燒。先生說,陽間用給陰間的東西,專業的說法不叫「燒」,而稱「嵼」(音 she)。

金銀紙在廣東普寧祭儀中的搭配組合

土地金。廣東連州

太極金。廣東連州

觀音金。廣東連州

蓮花金。廣東連州

關帝金（武財神）。廣東連州

關帝金（武財神）。廣東連州

天官財寶。廣東連州

土地金。雲南騰沖

旺財金。廣東連州

旺財金。雲南騰沖

發財金。雲南騰沖　　八路財神金。雲南寧洱　　正興隆寶。雲南德宏

祭祖：公紙、王金、銀牌／元寶

祭神：王金、銀牌／元寶、貴人錢、福錢、平安錢（祭拜特定神明時加天台錢或八仙錢）

謝神：上述拜神金銀紙、答謝錢、金花

神誕：上述祭神金銀紙、龍袍

謝土：五色袍帽、五色紙

掃墓：五色紙

公紙

也稱錢紙或銀紙。用於祭拜祖先。公紙也作「過路紙」。送葬時前排有位老輩在路上專門放過路紙，請路神放行保道路暢通無阻，即為買路錢。

公紙。廣東普寧

王金

也稱「大金」。用於祭神。祭神時一般用」王金+元寶或銀牌「的搭配組合，再酌請加其他紙料。

王金。廣東普寧

銀牌

陰間的「通行錢」。例如在祠堂給往生者穿衣服，設香案必須先弔兩疊銀牌在門神處敬門神，保靈魂通行無阻。拜神也要用銀牌，它和元寶在拜神上基本等效，可以相互替代，二者取其一。

銀牌。廣東普寧

元寶

也屬於通行錢，拜神時可與銀牌相互替換使用。

元寶。廣東普寧

貴人錢

用於敬神，拜伯公等。求神明出門遇貴人。

貴人錢。廣東普寧

平安錢

也用於日常拜神，祈求平安。初一十五拜伯公什麼的可以拿一兩張和其他金銀紙配合使用。

平安錢。廣東普寧

答謝錢

也叫大錢。謝神使用。謝神的時候用銀牌、玉金、謝神錢（數量隨心）。只要和謝神有關的都要加答謝錢。

答謝錢。廣東普寧

天台錢

用於敬神，例如「天公生」，「娘生」（一般指注生娘娘），其他神明亦可隨心。一般認為祭拜上天的神明才用天台錢。

天台錢。廣東普寧

八仙錢

謝土入宅使用。敬神亦可。

八仙錢。廣東普寧

五色紙

用於清明掃墓，鋪撒於墳墓之上。也可用於謝土。

五色紙。廣東普寧〔註4〕

彝族祭城隍待焚化的紙錢，是模仿人民幣機印的冥幣。雲南巍山，2012

向神婆諮詢的老人，神婆家裏堆滿金方。雲南巍山

2. 祭品

儀式，特別是重大儀式中的祭品，一般是實物。包括食物、衣物、紙錢、紙紮用品（房子、車馬、日用品等）。食物祭品分素祭和葷祭，素祭為果品茶飯，葷祭為雞、豬、牛、酒等；葷祭又分生祭（領生）和熟祭，儀式程序不同；

〔註4〕「金銀紙在廣東普寧祭儀中的搭配組合」由本項目成員、中山大學中文系博士研究生陳丹調查。

古代甚至有血祭，以大牲畜為重，人牲則為最高級別的祭品。祭品的種類、成色、數量很有講究，具有特定的象徵意義。

基於一種同構對應的觀念，或物資較為匱乏的時候，有的地方也會使用繪製的圖像、面偶、泥塑、木雕等，代替祭品。這就使各種宗教藝術，有了充分表現的機會。

領生受祭

民間做法事，基本上都有祭獻儀式。其中，雞是最常見的祭品，所以「使雞者」一般就是法師。祭品有生熟之分，儀式過程大多是先以活雞（或豬、牛等）祭獻，稱「領生」。「領生」，即請神靈領受祭獻的活物，是很多法事都有的程序。用木刻刻印需要祭獻的祭品，在儀式中焚化，相當於向神靈告知祭獻了祭品。在祭祀場地把祭品煮熟後再獻，稱「獻熟」。

領生受祭。雲南昆明

領生受祭。雲南大理

使雞旨（者）

民間祭祀，一般要使（使用）雞，而使雞的人多是法師，故有「使雞者」。

使雞旨（者）。雲南昆明

其他祭品

　　人們認為，無論是神靈還是亡靈，在另外一個世界也都需要世俗社會的各種用品。所以，為它們準備足夠的衣物、錢財甚至百萬家私，十分必要。

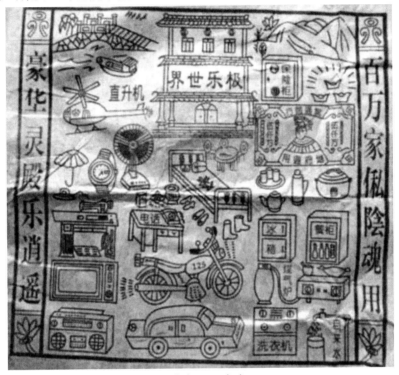

百萬家私。廣東

第四章　信仰與祭祀

　　民間雕版印刷作品的產生，自始至終都和民間俗信或宗教信仰相關，主要用於各種民俗活動和祭祀儀式之中。它們的形式是「藝術」的，內核卻是民俗的和宗教的。所以，討論民間雕版印刷作品，不涉及民俗、宗教信仰及其祭祀儀式，絕無可能。

　　中國使用民間雕版印刷作品的群體，主要有信仰道教、佛教和民間信仰（巫教）的信眾。在實際使用中，並不嚴格區分，而是道、佛、巫諸法並舉，諸神雜糅的。

一、道教諸神

　　道教是中國的原生性宗教，神靈系統複雜，諸神的等級、位序和分工也規範得比較細，基本可以視為中國社會結構的一個縮影。

　　我對道教的調查，主要田野點在雲南和廣東。其中，城市道教主要是昆明、廣州的居家道人和幾個著名道觀；鄉村主要是雲南巍山彝族回族自治縣、江城哈尼族彝族自治縣，廣東連南瑤族自治縣以及部分畬族村落。另外，新疆天池道觀、特克斯八卦城，河南嵩山中嶽廟，武漢長春觀等地方，也有短期考察。

　　雲南昆明道教以龍門派為主，信眾約 3 萬人，目前只有 6 個公開活動場所：西山三清閣、金殿、真慶觀、黑龍潭萬壽宮、關上財神廟和安寧紫霞道觀。以前還有一些民間小廟，六七十年代被毀。它們的痕跡，在昆明民間流行的雕版木刻印紙符上，依稀有一些痕跡，如「田雞小廟」之類。我與昆明道教龍門派第 21 代弟子至果道人有一些接觸。至果道人俗姓張，是居家道人，我按老

昆明習慣稱他張師。張師 1952 年生，當過工人，練過武術和氣功，學過佛，
1983 年入道教。我和他認識十多年了，到雲南做田野考察回到昆明，沒事就
會去拜訪他，他也是我的主要訪談對象之一。他家在昆明東部，一幢高層居民
樓的一樓。他把臨街的一面改成鋪面，門頭懸掛「玄機閣」的招牌，以看風水、
看相治病為生。據他敘述，龍門派字輩按照一首用詩的形式編排的龍門派道譜
排序：「道德通玄靜，真常守太清；一陽來複本，合教永圓明；至理宗誠信，
從高嗣法興；世景榮惟懋，希微衍自寧。」他說：「我的師父明冬道人，1914
年生，屬虎，祖籍四川，住雲南昭通，和我家為世交。他兒子是我父親的徒弟，
學做皮鞋的手藝；我是他的徒弟，學道。師父是龍門派 20 代弟子，『明』字輩。
他原來眼睛不好，白內障，面對面都要拿放大鏡看，頭髮全白。學道後，現在
隔 30 米能夠看清，頭髮轉黑。我屬『至』字輩，法名至果，為 21 代弟子，屬
龍。我的弟弟至傑，45 歲，也屬龍，在嵩明縣法界寺文昌殿當家，佛道共在。
我徒弟姓劉，『理』字輩，在巍山彝族回族自治縣巍寶山丹霞宮道觀，先做江
澤民（本名如此，後避諱改為江永德）老道的徒弟。江道長去世後接任當家。」
跟他學的還有一位雲南大學畢業的學生，說自己大學時就喜歡讀易學方面的書，
去圖書館借，被老師呵斥：「你讀這些幹什麼！」畢業後做過幾年記者，後來下
海做房地產，今年（2008 年）金融危機，生意不好做，來跟著張師學道。

　　張師告訴我：「本來，龍門派一般在宮觀。如果受了天仙戒，不能結婚生
子，不吃葷，二百七十個戒條，戒律太多，不利發展。中國人的傳統，不孝有
三，無後為大。我就屬於俗家弟子。1980 年我想出家，被老父親罵個狗血淋
頭。後來我到陝西問，他們告訴我，中國道教協會討論過，後繼乏人，有的人
才應寬鬆些。這樣，我才拜了師。在雲南，龍門派比較多，光保山騰沖，就有
兩三萬人。昭通也多。昆明紫霞道觀偏科儀，做法事。科儀主要有祈福、消災、
超度。祈福求轉運，命不可變，但運可以改變。消災也是把命裏不好的東西消
了，再轉運，比如齋醮，有二十多種，大法會用；拜太歲，年前來做的比較多。
超度針對死者，佛道都做水陸道場、放焰口，要領幡、請元始三天尊、追魂、
招魂、破豐都、過金橋銀橋、三皈依，這個時候要用大量紙符。儀式要七天才
做得完，長的四十九天，人要一二十人。像我們居家道人，就偏實用。主要是
看風水、治病、驅邪、法術和術數。看風水有兩種，落葬看陰宅，也要上表、
燒表；還有一種是看陽宅，幫居家調節風水。治病、驅邪是基本功。法術有好
有壞，有的人走火入魔，學會放蠱，這就不好了。術數比較考工夫，要讀《三

明通會》，能夠鐵板神算。修煉必讀書是《道德經》《周易參同契》《性命圭旨》《靈寶畢法》道人偏科儀還是偏實用，這都和師父教什麼有關。有的師父什麼事都控制在手裏，不教，怕教會徒弟餓死師傅。都有這樣的心態，所以道教發展不如佛教。我願意教，只要德行好，就可以教。說實話，他要去找點錢也正常，民以食為天嘛。修道人也要吃飯。」

說話間，張師的妻子和女兒回家了。互相介紹過後，張師說：「師母會透視看人，治病也有一手，曾給省裏某領導的夫人治好過病，這位領導還題字感謝。我女兒也喜歡談玄。有一天在網上和一個美國人聊天，那人說她身軟乏力，問可有衝犯。女兒問我，我讓她隨便寫幾個字來，我看後，曉得是象煞，氣重。我讓她拿半杯水放在面前，什麼也不要想。我在這裡發功，讓她兩分鐘後喝下。十分鐘後，她說像在熱海一樣。」張師說他會十掌陣，長於道教養生。

我問，這種隔空傳遞信息的法力，不需要借助某些媒介，比如符籙、紙馬之類嗎？

張師說：「畫符不如念咒，念咒不如掐訣，掐訣不如心意，心意不如敕慧。」符咒、掐訣之類是初級工夫，能夠通過心意、敕慧直接靈傳，才是本事，功能性越來越高。〔註1〕

至果道人的家和「玄機閣」一體。雲南昆明，2008，筆者攝

〔註1〕講述人：至果道人，訪談時間：2008年12月24日，於雲南昆明「玄機閣」。

　　雲南巍山彝族回族自治縣巍寶山是佛教和道教寺觀聚集之地，長春洞住持肖遙道長、玉皇閣住持圓蓉道姑和紫霞宮住持江澤民（後避「皇帝」名諱改名為江永德）道長，和他（她）們認識二十多年了，他（她）們屬於道教中的全真派，專業駐觀修行。肖遙道長和圓蓉道姑原一起駐長春洞，一個吹簫打太極拳，一個畫牡丹，過得挺瀟灑。後來閒話多了，才各在一個道觀。江老道原自學草醫，聽說出了醫療事故，被判刑。出來後即出家當了道士，白鬍飄飄，一派仙風道骨的樣子。有客來，除了談玄，還忍不住推銷他的養生茶。有一次我帶了一位美國朋友去拜訪江道長，道長和我們大談天人合一整體觀，介紹人體和天象的對應關係。美國朋友聽了，問自己失眠，和哪種天象對應。江道長把脈後，說他肝上有火，需要清火解毒，說完拿出一包藥茶。美國朋友恭恭敬敬買下，但我不知道他敢不敢喝。

紫霞宮江道長。雲南巍山巍寶山，2001，筆者攝

長春洞。雲南巍山巍寶山，2009，筆者攝

　　巍寶山長春洞建於清代，屬於國家重點文物保護單位。筆者 2001 年認識長春洞住持肖遙道長時他 33 歲，雲南賓川縣人，法名崇明，1990 年學道，曾在賓川縣雞足山學佛，1994 年 5 月入道於陝西省西安市戶縣祖庵鎮重陽成道宮，為全真龍門派第 26 代弟子。祖述老莊，尊奉《道德經》，崇奉王重陽內丹術、張三豐丹道及太極拳道。他介紹，在道教的地方，都是自然，天地合一。不可能金碧輝煌，因為與自然不協調。道門講道法要與天地合一，道門仙家體系都是超然出世，王重陽祖師傳道的時候，他就告誡弟子，講究一種自然之道，不講什麼化緣，取人血脈。

　　與肖遙道長同駐長春洞的是元容道姑，27 歲，河南洛陽人，高中畢業後，1998 年出家，先後在湖北武當山、陝西樓觀臺、終南山等地雲遊，喜畫牡丹，靠賣畫維持生計。剛到巍山，隨師兄（肖遙）學太極，打算呆一年（後來一直呆了下去，另外在玉皇閣做了住持）。

肖遙道長在道觀外吹笛。　　　　　肖遙道長指導洋人弟子太極拳。雲南巍
　　　　　　　　　　　　　　　　　山長春洞，2012，筆者攝

拜訪玉皇閣圓蓉道長。雲南巍山巍寶山，2009，項目組成員攝

　　以下背景情況，來自在雲南巍山的調查和相關文獻的對照。雖是局部，亦可見道教傳入一地的一般情況。

　　據巍山的道士和民間先生敘述，道教傳入雲南的時間，大約在東漢末年。那其實也就是道教形成的時間。道教之所以能夠如此迅速的傳入雲南，是因為它與楚、蜀文化及西南少數民族均有密切關係。張陵入蜀創教時所設二十四治，其中有二治的管轄範圍已延伸到今雲南轄區。〔註2〕而「五尺道」、「蜀身毒道」等古道，在秦漢時期就已經連接巴蜀和滇，其間的文化互動應該是十分自然的。道教在巴蜀一帶創立五斗米道、太平道之初，即綜合吸收民間信仰中的巫圖巫符和巴蜀原始文字或考古學者稱呼的「巴蜀圖語」，〔註3〕造作符像籙書，作為道教實用科儀如祈福、酬願、驅邪、消災、治病、慶生、超度使用的道符。《三國志·魏志》卷八張魯傳注引《典略》述：「修為五斗米道、太平

〔註2〕郭武：《道教與雲南文化——道教在雲南的傳播、演變及影響》，雲南大學出版
　　　社2000年版，第34頁。
〔註3〕關於「巴蜀圖語」和道教符籙的關係，將另文討論。

道者，師持九節杖為符祝，教病人叩頭思過，因以符水飲之。」〔註4〕飲符水驅邪治病的方法，直到現在還在雲南、廣東等地使用。

巍山是古代「蜀身毒道」的重要驛站，也是雲南道教信仰比較流行的地方。據當地文獻介紹，漢代在巍山興起的道教主要是天師道，據明李元陽《萬曆雲南通志》中記載，漢代滇西有名道士楊波遠，常騎三角青牛出沒於蒼山、巍寶山、雞足山和洱海之間，傳佈道教為人祈福。相傳三國時期著名土帥孟獲的哥哥孟優，亦為知名的道士，曾在巍山傳授道術和道醫，為人禳災治病，巍寶山即為其修煉之處；而諸葛亮為了遏制地方勢力，曾在此地以風水術鬥法，拿鐵釘釘斷了巍寶山之脈（民間也有關於壞人下「童丁」以破巍寶山風水的傳說）。

南詔時期，從南詔王細奴羅到第十世勸利晟都崇奉道教天師道，在巍山境內興修了巡山殿、雲隱寺等大批道教殿宇祭祀王族祖先細奴羅及太上老君等道教神仙。民間傳說太上老君生封細奴羅為南詔王，死封細奴羅為巡山土主。〔註5〕另傳說唐代呂純陽曾以巍寶山棲鶴樓為道場帶徒授教，傳佈天仙派全真道。至今巍山民間還流傳著許多呂純陽巍山傳道度人的故事，民間流傳的清代木刻善書《暗室燈注解》《指迷金圖》《呂祖度仙姑》《呂祖因果說》等據說都是呂祖傳道時流傳下來的。巍寶山現有《棲鶴樓記》《金闕選仙呂大真人降筆》兩塊碑文，亦為借呂純陽之筆撰書。在繼天師道之後傳入巍山彝區的是全真天仙派。相傳八仙之一的呂純陽曾到巍山傳佈道教，他到巍山以東山棲鶴樓作道場，帶徒授教，傳播天仙派，被巍山民間洞經會和聖諭壇奉為真官。呂純陽是否真的到巍山傳過道教，資料不足，但唐代呂祖天仙派在巍山已有很大的傳播和發展，在巍山東山的棲鶴樓相傳是呂祖的顯化地，至今一直享受著巍山漢族和彝族群眾的香火。

從明代開始，巍寶山的道教主要是全真道。明初，巍山設立蒙化衛，大批來自內地的官兵信仰道教，從而使道教在巍山再一次得到傳播發展。這時期，根據有關資料記載，有大理的「青衣道士」，四川的王旻、陳廣玄等全真道士先後住在巍山東山的玄珠觀等道教宮觀中修煉，傳授全真道。

〔註4〕（晉）陳壽：《三國志‧魏志》，見《二十五史》第二卷，上海古籍出版社、上海書店 1986 年版，第 32 頁。

〔註5〕民間的說法和官方不太一致。繪於南詔末年的官方圖像文獻《南詔畫傳》說給細奴羅封王的是梵僧。

　　明清時期，巍山境內除巍寶山發展為全真道叢林外，其他道教叢林還有太極頂、降龍寺，東山玄珠觀、延真觀等多處。從明代以來，太極頂被道教開闢為全真道的道場，每年農曆正月初七至初九為朝山會，朝山群眾多達數千人。明末清初，湖北武當山羽客沈妙章在巍寶山闢基建宇，把巍寶山正式開闢為道教的十方叢林，使巍寶山全真道教盛極一時，在國內享有盛名。隨後相繼又有四川青城山、貴州丹霞山等道教名山的高士來巍山修煉，傳播發展全真道。這一時期，重修和新建了許多道觀從巍寶山腳修到山頂，這些殿宇錯落有致地分佈在巍寶山的前山和後山。

　　清代是巍寶山全真道的鼎盛時期。清康熙五十四年 1715 年，蒙化府境內發生天災，很多人染疾，久治不愈，巍寶山道人用「神人點化」之說，治癒了當地彝族以及其他民族所患的疾病，隨後當地民眾即興起每年農曆二月初一至十五日朝聖巍寶山的山會，巍寶山道教香火越來越旺，使巍寶山成為中國西南的道教名山。巍寶山的太極頂、降龍寺、玄珠觀等都發展為全真道教叢林。特別是巍寶山，住山清修道人來自全國各地，人數多達上百人，前期以全真天仙派為多；清朝中後期全真龍門派在巍寶山興盛，天仙派衰微。道教宮觀從巍寶山山腳修到山頂，巍寶山全真道龍門派清朝中期進入巍寶山，發展迅速，很快從前山發展到後山。如前山準提閣（頭天門）、甘露亭、報恩殿、巡山殿、文昌宮、主君閣、太子殿、玉皇閣、青霞觀、三皇殿、觀音殿、魁星閣、斗姥閣等，後山三清殿、碧雲宮、雲鶴宮、蒼夫子殿、朝陽洞、培鶴樓、道源宮、三公主殿、財神殿、含真樓、長春洞、望鶴軒等。

　　清代到民國年間，全真龍門派在巍寶山傳了二十一代。民國時期，巍山的全真道開始衰微，在巍寶山出家修煉的道人已逐漸減少，據調查，共有住山道人 19 人。建國後住山全真道人還有 8 人。目前巍山全縣道教宮觀有 100 座。每年農曆正月十九為邱處機祖師的聖誕，巍寶山道教叢林組織和民間信教群眾團體，在文昌宮做會，紀念邱祖。〔註6〕

　　「文化大革命」期間正一道同全真道一樣，受到破壞。但浩劫過後，又很快復興。道人為民眾做法祈祝，逢神仙壽誕忌日，到村中、宮觀廟宇作會。

　　在巍山民間，廣為流傳的是正一道。教派大致分布為：壩子北部大倉、永建及山區馬鞍山、紫金幾鄉為靈寶教，由龍虎山西河派傳授發展，用正一

〔註6〕蔡華：《道教在巍山彝族的傳播與發展》，《西南民族大學學報》2004 年第 10 期，第 37～40 頁。

西河派道譜。壩子南部廟街、巍寶、文華及山區青華、鼠街、龍街、牛街等
鄉鎮為清微教，由武當山和巍寶山龍門派傳授發展，用巍寶山邱祖龍門派道
譜。可見從歷史上，全真道與正一道界限遠不是那麼分明，有很多交錯混雜
的情況。

　　除了全真、正一以外，還有由道教衍生出來的洞經會及聖諭壇。洞經會始
於隋唐，明代為鼎盛時期，是一崇奉道教的群眾性宗教組織。隨著明朝在雲南
設衛屯田，派駐屯兵，洞經從四川等地傳入雲南，同時傳入巍山。清代以後，
純道教的洞經會只有巍山城區繼續存留發展，成員多為信奉道教的地方紳士、
文人學士和退出官場的地方官吏以及部分有文化的民眾等有一定社會地位和
威信的人。在各道教神靈的會期，他們往往雅集在相關道觀殿宇中，談演各類
洞經，祈求神靈賜福。會期中的衣著、吃食、排場、允准進廟進香的人等等都
有講究。平時逢有鄉人做壽及為死者滿年超度亡魂辦會，受人之請，洞經會也
會集眾到該戶庭院中設壇談演洞經祈祝，不記報酬，視作善事。但在舊時，一
般從事下九流之事的百姓是沒資格請洞經會的。清初，順治、康熙都信奉道教，
登基時分別頒布了《世祖章皇帝聖諭六訓》，《聖祖仁皇帝聖諭十六條》，以綱
常倫理訓誡百姓。當時巍山官員將之「遍發府屬三十五里，城市山村火頭彝猓，
廣布宣講，化導愚民，務令家喻戶曉訖」（清《蒙化左土官記事》）。這些聖諭
被鄉村間的各洞經會接受，每遇會期，先向皇帝的萬歲牌位行大禮，宣講聖諭，
然後才念經，這些洞經會先後改名聖諭壇。後來，乾隆皇帝開始偏重佛教，聖
諭壇也開始吸收佛教的成分，成為儒、釋、道三教合流的民間宗教組織。但從
其供奉的六聖、九聖牌位，及經書類別來看，仍以道教為主。〔註7〕洞經會、
聖諭壇由於是借用道教的經籍、神仙發展起來，與同樣基於民間的道教正一道
有著眾多關聯和交錯之處，因此也是我們關注的對象。

　　巍山的道人出家不娶妻室者為全真，在家的叫火居道士。民間以正一教火
居道士居多。

　　但據長春洞的肖遙道長說，火居道士和正一道嚴格來說不是一回事。正一
道主要是三山三洞（茅山、龍虎山、閣皂山和洞真、洞玄、洞神三部道教經典）

〔註7〕以上參見薛琳編纂，畢忠武監修：《巍寶山志》，巍山彝族回族自治縣縣志編委
　　　會辦公室編，雲南人民出版社 1989 年版。巍山彝族回族自治縣縣志編委會辦
　　　公室編：《巍山彝族回族自治縣志》，雲南人民出版社 1993 年版。雲南省編寫
　　　組：《雲南巍山彝族社會歷史調查》。雲南人民出版社 1986 年版。

為代表。後來又有許多派系產生，如張天師、許天師等很多天師派。這些天師派系以法術符咒為主，都歸在正一派底下。火居道士按理說不是正一派傳承的，基本上還是全真派，龍門字輩，這種現象可以歸為火居道。一般住道觀清修的是一種，居家的是一種。正一派的傳承是有家業的，有自己的職業。除了為人做做法事，他們在社會上還有自己的職業。比如巍山的火居道士，大都是農民。

巍山古城中的道人與鄉間的道人又不盡相同。如今城中的道人已經很少，健在的幾個，也都已年事漸高，經過「文化大革命」，城中的道士世家大都已經斷掉或將要斷掉了，曾經修過道的老先生大都過世或者轉從他業，而且城中的年輕人幾乎沒人願意接續香火。但在古城周邊的鄉村，正一道人收徒、接活，為人做法作會，很是忙碌紅火。有不少年輕人將之視為出路之一，在延續著家傳、師門的香火。筆者 2015 年參加一次法事活動，主持儀式的竟然是兩位二十幾歲，染了黃頭髮、打了耳洞的小夥子。

當地人稱正一道道士為「先生」，居家，日常生活均如常人，只是在接到法事的單時，才相約出動。做法事成為他們的「副業」，凡有婚姻喪葬紅白喜事，或人染疾病，或做壽都要請火居道士誦經做法事，設齋壇誦經，並收取一定費用。筆者多次參加巍山民間「先生」的法事活動，我曾問這些「先生」和駐觀道士的區別，他們回答：「道士不幹活，365 天都在道觀；我們要回家幹活，是他們（道教）的傳人，靠幫老百姓念經吃飯。」〔註8〕

道教雕版木刻紙印符像的諸神，基本與道教神靈系統一致，同時吸收了佛教、民間信仰的一些神靈，如觀音，也被納入道教的神靈系統中。

廣東、雲南等地瑤族在舉行「還盤王願」「度戒」等儀式的時候，也有專人負責「辦紙馬」，以在儀式過程中燒給神騎。

道教諸神紙符，比較常見的是太上老君、玉皇上帝、玄天上帝、東嶽大帝、西嶽聖帝、真武北帝、天地人三官、文昌帝君、關聖帝君、文武財神、八洞神仙、二郎真君、北斗星君、南斗星君、玄壇趙元帥、太歲殷元帥、太保溫元帥、靈官馬元帥、冥府十王、豐都大帝、洞淵大帝、魁星、邱祖、張天師、姜太公等。有單幅「肖像」，也有眾神「合影」；而「合影」的神祇，卻不完全是道教神仙，觀音大士、地藏十王等佛教菩薩，也常常被納入道教神靈系統。雲南大

〔註8〕訪談對象：趙先生，訪談時間：2015 年中元節，訪談地點：雲南巍山縣城外文明街北壇寺，訪談人：鄧啟耀。

理銷售紙馬的大媽甚至解釋：「有玉皇就有觀音，玉皇是男，觀音是女，是兩夫婦。有人就有夫婦。」〔註9〕

太上老君

三清之一，即中國古代著名思想家、道家學說創始人老子。後被奉為道教祖師，位列道教最高階位「三清」之太清道主。

太上老君。雲南保山　　太上老君。清末，北京〔註10〕

玉皇上帝

民間信仰中的最高神，但在道教中認為玉帝只是三清的輔佐。

玉皇上帝。清，雲南騰沖　　玉皇上帝。雲南大理

〔註 9〕訪談對象：楊大媽，訪談時間：2002 年 2 月 16 日，訪談地點：雲南大理祝聖寺，訪談人：鄧啟耀。

〔註 10〕引自蕭沉博客：《俗神》(圖為日本人 20 世紀初收藏) http://xiaochen.blshe.com/post/78/503808，2010,2,11。

玉皇上帝。雲南大理　　　玉皇上帝。雲南大理　　　玉皇上帝。清末，北京〔註11〕

三官大帝

天、地、水三官在道教中地位很高，他們不僅掌管人間禍福，也主鬼神的陞轉。

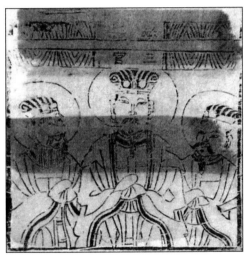

三官大帝。清末，北京〔註12〕　　　　三官。清末，北京〔註13〕

〔註11〕引自蕭沈博客：《俗神》（圖為日本人 20 世紀初收藏）http://xiaochen.blshe.com/
　　　　post/78/503808，2010,2,11。
〔註12〕引自蕭沈博客：《俗神》（圖為日本人 20 世紀初收藏）http://xiaochen.blshe.com/
　　　　post/78/503808，2010,2,11。
〔註13〕引自蕭沈博客：《俗神》（圖為日本人 20 世紀初收藏）http://xiaochen.blshe.com/
　　　　post/78/503808，2010,2,11。

太白星君

太白星君。雲南大理

土皇神君

　　土皇是道教的地神。土皇分為九壘，每壘分設四名土皇，共三十六名土皇。凡動土、上樑、安宅、鎮宅、建橋、鋪路，要祭土皇。

土皇神君。雲南巍山

王母娘娘

　　王母娘娘原型是西王母，居崑崙之丘絕頂之上。《山海經》描述：「其狀如人，豹尾虎齒，善嘯，蓬髮戴勝，是司天之厲及五殘。」掌管災疫和刑罰。後移居崑崙山瑤池，種蟠桃，有不死藥，變成為慈祥女神。

王母娘娘。雲南玉溪

五嶽聖帝

五嶽即東嶽泰山，南嶽衡山，西嶽華山，北嶽恒山，中嶽嵩山。五嶽之祭，屬於國家祭祀大典，常由帝王親自出面舉行儀式。

五嶽聖帝。雲南騰沖

東嶽大帝

明沈榜《宛署雜記》卷十七云：「（順天府宛平縣）城東有古廟，祀東嶽神，規模宏廣，神像華麗。國朝歲時敕修，編有廟戶守之。三月二十八日，俗呼為（神）降生之辰，設有國醮，費幾百金。民間每年各隨其地預集近鄰為香會，月斂錢若干，掌之會頭。至是盛設鼓幡幢，戴方寸紙，名『甲馬』，群迎以往，婦女會亦如之。是日行者塞路，呼佛聲振地。甚有一步一拜者，曰拜香廟。」〔註14〕

〔註14〕　（明）沈榜：《宛署雜記》，北京古籍出版社1980年版。

東嶽大帝。雲南大理　　　東嶽大帝。清末，北京〔註15〕

諸元帥天君

靈官馬元帥。清至民國，　　靈官馬元帥。清至民國，
雲南騰沖　　　　　　　　雲南騰沖

太保溫元帥。清至民國，　　太保溫元帥。清至民國，
雲南騰沖　　　　　　　　雲南騰沖

〔註15〕引自蕭沉博客：《俗神》（圖為日本人20世紀初收藏）http://xiaochen.blshe.com/
post/78/503808，2010,2,11。

辛（？）帥。清至民國，
雲南騰沖

玄壇趙元帥。清至民
國，雲南騰沖

王天君。清，雲南騰沖

康帥太保。清至民國，
雲南騰沖

唐葛周三將軍。清至
民國，騰沖

橋何虎神。清至民國，
騰沖

二郎真君。清末，北京〔註16〕

〔註16〕引自蕭沈博客：《俗神》（圖為日本人 20 世紀初收藏）http://xiaochen.blshe.com/
post/78/503808，2010,2,11。

其他天神仙官

保家天子、靈官天子等。雲
南昆明

南方天神。雲南

千里眼順風耳。雲南大理

雲鶴。清至民國，雲南騰沖

仙官。雲南騰沖

三元。地點未詳

真師。地點未詳

三頭六臂神。地點未詳　　　大王。地點未詳　　　三？地點未詳

九壇神主

九壇為天壇、地壇、日壇、月壇、先農壇、祈穀壇、太歲壇、社稷壇、先蠶壇，均為國家祀典的重要壇廟。壇有神主，分管各壇。雲南大理喜洲一帶村落奉為本主。

九壇神主、大聖威德。雲南大理

關聖

關聖即蜀漢名將關羽，俗稱關公。由於對其「忠義」的描寫，官方給予許多封號，如「忠義神武靈佑仁勇威顯護國保民精誠綏靖翊贊宣德關聖大帝」之類；民間對關聖的崇拜也很普遍，甚至移民海外，為了抱團取暖，也將其作為象徵。流落異國他鄉，「忠」不可為，「義」則至關重要。除了忠義，民間還把他奉為財神。

關聖。雲南玉溪〔註17〕　　忠義神武靈佑仁勇威顯護國保民
精誠綏靖翊贊宣德關聖大帝。木
板水印，清末，北京〔註18〕

諸神神位

諸神。雲南保山　　　　諸神。雲南保山　　　　道釋混雜的諸神。雲
南昆明

〔註17〕本圖自趙寅松、楊郁生主編：《中國木版年畫集成·雲南甲馬卷》（集成總主編
馮驥才），中華書局 2007 年版，第 190 頁。

〔註18〕引自蕭沈博客：《俗神》http://xiaochen.blshe.com/post/78/503808，2010,2,11。

諸神牌位。雲南昆明

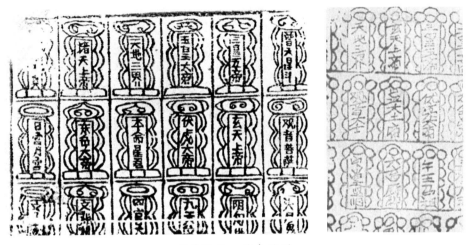

諸神牌位。雲南昆明

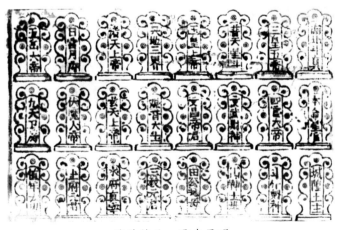

諸神牌位。雲南昆明

道教祖師

邱祖之神。清末，北京〔註19〕

巍寶山長春洞道觀大殿供桌下備用的紙馬香燭。雲南巍山，2015，鄧啟耀攝

田野考察實錄：雲南巍山天師誕

世傳五月十八為張天師聖誕，然而也有其他如正月十五等說法。張天師確切誕辰由於年代久遠，史料湮沉，現已不可考證，然而多地道教宮廟也多以五月十八日為廟會，魏寶山道教正一龍門派依據這個時間來慶祝張天師誕辰的。

2016 年農曆五月十八日，雲南巍山彝族回族自治縣巍寶山文昌宮舉行天師誕法會，由巍寶山文昌宮正一道第十八代弟子永仁道長主持。

清早五點半，筆者到了文昌宮，大殿裏已經有誦經和演奏洞經的道長在做準備了。法事六點鐘準時開始，得知今天的法事主要誦的是《太上洞玄靈寶高上玉皇本行集經》，簡稱《皇經》。據道長介紹這部經是非常尊貴的一部經，在魏寶山能誦讀下來的道長沒有幾個，在雲南之外誦讀這部經需要築臺

傳誦，在幾十年之前，只有男性可以誦讀這部經，不允許女子誦讀，但是今天的法會上看到的是女道長主要負責誦讀經文，而男道長負責樂器的演奏。整場法事下來，用到的樂器有十六種至多，誦經加奏樂的道長共 11 人。法事之前，道長們開始調試樂器，布置法場，兩張黃綢緞的條桌分布祭壇兩側，桌上放著木魚、銅鑼等打擊樂器，祭壇桌案上點著一對紅燭，再上一層的供桌上供著鮮花和水果等供品，主神是金闕右相文昌帝君。正對主神的案桌前放著一個寫有「文昌宮功德箱」字樣的功德箱，前方放置一個傾斜狀放置繡有三個八卦圖的長條形蒲團。門口處一張板凳上放著一個銅質的盤，裏面裝著半盤水，水上漂著幾片花瓣。大殿進門右側是演奏樂器的區域，靠牆放著三條長凳，貼著牆角的方桌上放著各式彈撥樂器十餘種。大殿右側的牆上掛著各種橫條幅，寫著「有求必應」等字樣。大殿右側供著聖帝次子賜祿神君，左側供著聖帝次子賜福神君。大殿左側開設了一處公德登記處，背後的牆上依舊掛著祈福的橫幅。

　　法事於六點開始，一位便衣道姑在蒲團上叩拜三下，然後將三杯水供在主神的祭臺上，分別在左右兩側的副神祭臺上祭上兩杯水。誦經正式開始，誦經分為三個階段，第一階段是皇經禮請，持續時間一小時。左右兩側的條桌邊各站三位女道長，右側靠近主神祭臺的道長開始誦禱詞，張天師在魏寶山的神號。念完後擊鼓承上啟下，肅靜三秒鐘之後，六位道長開始誦經，此時在大殿右側的演奏洞經的道長在一旁試音。正是開始誦讀皇經卷一部分內容，一邊的道長，開始演奏洞經。卷一誦讀完畢後，音樂停止，插誦《三清經》。第一部分誦經完畢後，每位誦經的道長一次叩拜後離開大殿，此時是早餐時間，吃的是巍山特色食物扒肉餌絲。整個文昌宮內此時幾乎沒有信徒，觀裏的道長和幫工的信徒正在為招待稍後從巍山各個片區來的信徒的飯菜而忙碌著。從永仁道長那裏得知今天有三輪流水席，每一輪是三十桌，每桌八到十人，這樣的接待量，可想而知此時的廚房已經是雞飛狗跳了，每個信徒需要購買飯票，每張飯票四十塊，包括早飯和正餐。

　　吃完飯稍作休息後，第二階段的祈福法會開始了。此時道長們已經換上一套黃綢緞的道袍，誦經人數也有開始的六人增加到七人。一位身著黑色道袍的女道長叩拜一次之後，分別給主神祭上三碗米飯，給副神祭上一碗米飯。此時誦讀皇經時，除了在條桌邊的七位道長敲打木魚、鑼鼓外，在大殿右側已經沒有了洞經演奏。在誦讀中部和下部經文時，身著黃色道袍的道長們是時不時地

起立、合掌鞠躬、坐下。在中部和下部銜接處，那位身著黑色道袍的道長手持一炷香，跪在蒲團上，口中默念經文。在八點半時，香客開始陸續到大殿來叩拜，燒香、獻上供品，有水果、花生等。但是據筆者統計，前來叩拜的更多的是婦女，而男信徒此時正坐在觀內的休息處，抽煙聊天。皇經中部和下部的誦讀又持續了兩個小時，最後七人一齊唱誦經文，以此進香後結束。

張天師誕辰的祈福法會的關鍵環節到此結束。接下來是來自巍山縣各個鄉鎮道觀裏的道士誦經演奏洞經。法會持續到十二點，之後召開的是由縣政府領導和各個片區各級道教協會組織內的道長們出席的道教協會工作會議。會議之後開始九十桌流水席。三十桌一輪，九十桌流水席持續到下午五六點。

據筆者採訪得知，這次法會的信徒主要是漢族，而彝族信徒由於此次法會召開時間與勞作時間有衝突，而且距彝族居住片區較遠，當地宗教團體更多的是派出代表來參加此次法會。而道教在當地不單單只是一個孤立的存在，其作為當地社會組織的形式之一，已經嵌套在巍山的社會中，據瞭解，巍山基本每個村子都有一個道觀，會有一位或者幾位道士主持，村子連成片區，每個片區又會形成一個道教團體組織，會有理事會，而多個片區最後歸屬於道教協會之下，而道教協會的核心成員都在魏寶山上。當然魏寶山並沒有如其表面那麼和諧，從其道教的形成歷史和當前現實中，我們可以看到魏寶山是一個道教派別林立，道觀互不走動，道長矛盾叢生的地方。天師派、天仙派、正一派等派別的道長雖同在一個道教協會下擔任職務，但是由於彼此不同的修道和傳道的方式而存在較多的相互攻訐的情況。筆者借宿在一個全真天仙派的道長觀中，當與道長談到其他道觀中的道長時，沒想到道長竟以一種非常不屑和厭惡的口吻講述一些道長的是非。同樣筆者在其他道觀串門時，談到借宿道觀的道長時，那些曾被非議過的道長同樣表達了對那位道長的不滿。而據筆者觀察，魏寶山上道觀都是自立門戶，道長們除了必須要出席的行政上的會議外基本不走動，不交流。

與道長們更深入的交談得知，魏寶山這種設置除了有歷史的原因之外，還有政治的考慮在其中，文昌宮的永仁道長是正一派的弟子，擅長誦經做法，正一派一直是在民間盛行，之前魏寶山並沒有道觀是正一派的道士坐鎮的，後來政府將在永勝片區活動的永仁道長調到魏寶山道教協會，給予副會長兼秘書長的職務，在其他派別的道長看來，這無疑是政府制約魏寶山上其他全真派別勢力的措施。讓各個道教派別勢力相互制約，相互平衡，最終的決定權則掌握

的政府手上。這一事例從一定程度上窺見了巍山社會中政治力量對宗教力量的影響。〔註20〕

天師誕辰祭壇布置。雲南巍山彝族回族自治縣，潘宇萍攝

洞經演奏者試音。雲南巍山彝族回族自治縣，潘宇萍攝

皇經誦奏。雲南巍山彝族回族自治縣，潘宇萍攝

洞經演奏的樂器。雲南巍山彝族回族自治縣，潘宇萍攝

祈福法會上誦讀的經文。雲南巍山彝族回族自治縣，潘宇萍攝

皇經上部誦讀結束。雲南巍山彝族回族自治縣，潘宇萍攝

〔註20〕本田野考察實錄為項目成員、中山大學社會學與人類學學院碩士研究生潘宇萍撰寫。

皇經中部和下部誦讀。雲南巍山彝族回族自治縣，潘宇萍攝

來參加法會的信徒們閒聊。雲南巍山彝族回族自治縣，潘宇萍攝

在大殿祈福的信眾們。雲南巍山彝族回族自治縣，潘宇萍攝

皇經誦讀結束。雲南巍山彝族回族自治縣，潘宇萍攝

來參加法會的各片區的道士們。雲南巍山彝族回族自治縣，潘宇萍攝

來自各個片區的洞經音樂的演奏者。雲南巍山彝族回族自治縣，潘宇萍攝

田野考察實錄：廣州番禺「北帝誕」

在廣東省，很多村鎮都祭祀北帝真武。我們做過一些初步考察的，即有嶺南地區供奉真武大帝的佛山祖廟、廣州市番禺區沙灣鎮的北帝廟、番禺區石樓鎮的玉虛宮、龍興廟等。

　　2019年4月7日（農曆三月初三）早上，項目組成員〔註21〕分別從廣州、佛山等地，自駕車導航前往廣州市番禺區石樓鎮石一村，參加他們8點在龍興廟舉行的北帝聖誕儀式。

　　龍興廟和靈蟠廟緊挨在一起。龍興廟始建於明代萬曆年間，靈蟠廟建於清代，都毀於上個世紀五六十年代。九十年代後，村民發起重建。重建的寺廟靠公路邊，車來車往，不像一般道觀那麼清淨。

　　門外左側，坐一女士，為來上香燒表的信眾填寫住址和姓名等相關信息。表是廣東地區常見的黃紙呈神文牒和貴人紙，用它們配以紙錢、元寶等一起燒化。門外右側，有幾位男女青年，在用一枚鑄有一對龍物的銅質「神印」，蘸了紅色印油，往毛巾和一些紙符上蓋。掌印人名叫黃家俊，據他介紹，神印上的文字用九疊篆鐫刻，內容為「玉虛師北極玄天上帝之寶」，印的前側面上寫著「道光十九年吉誕」，是他從文物販子手中買來的。另外還有兩枚，一枚是「九天開化文昌帝君寶」，一枚是「觀世音菩薩寶」。他把它們都捐了，成為這裡的「鎮廟之寶」，凡有重要活動，都要請出來顯示靈應。作為地方傳統文化建設的熱心人，33歲的黃家俊先生成為石樓鎮龍興廟和靈蟠廟廟會成員。

　　我們注意到，他正在往一些紅色紙符上蓋印的雕版木刻作品，是我們從沒有見過的種類。因為現場他正忙，不便打擾，只在事後對他做了一些訪談。

龍興廟。廣東番禺，2019，鄧啟耀攝

在廟門口為信眾填寫文牒。廣東番禺，2019，鄧啟耀攝

　　關於北帝誕，我們請教黃先生此次儀式的一些相關問題：

　　　問：北帝聖誕是怎樣的一個神誕？

答：北帝又稱黑帝，是道教司水之神，是炎帝的兒子。對於河網密布的珠三角來說，特別對於這個魚米之鄉來說，北帝是一個非常重要的神祇，因為傳說中，他統理北方和所有與水有關的族群，有水神之稱。北帝神誕流行於珠江三角洲一帶，它的廟會就是融民間信仰、世俗性、群眾性、娛樂性為一體的綜合性民間文化活動。有的地方還會有飄色，也是一種財富的象徵。神誕就是祝賀神的生日，很多地方都會用演大戲、唱大戲來賀神誕，飄色是另一種賀神的儀式和方式，有的地方還會拿著北帝神像巡遊。

問：石樓地區信仰北帝的人多嗎？

答：當然多，就石樓來說，這麼小的一個地方，在解放前就有五座北帝廟，分別是龍興廟、躍龍廟、芰塘的玉虛宮、赤崗的玉虛宮、中約的北帝廟。而觀音廟只有一個，就是在蓮花山那建立一個大型的「望海觀音」，現在才會有這麼多人信仰觀音，信仰觀音變成現在的一種流行。

問：為什麼石樓解放前會有這麼多人信仰北帝的？

答：北帝雖然是北方的神祇，但是他的主要功能是管水的，「水」在廣東也叫「財」，石樓這個地方一直以來都非常的富庶，有「魚米之鄉」之稱，當地人都是相信以水為財的，所以信仰北帝的人特別多。

問：北帝神誕的儀式是以往怎樣的一個步驟？

答：北帝神誕的儀式大至分為九步：一、設神壇，二、開神壇，三、請神，四、開神印，五、蓋神符，六、眾人上香敬賀，七、燒紙馬上表天庭，八、誦咒，九、結壇完美。神誕的儀式基本上大同小異，有的地方還會有宴席。

進門前，我們看到，在門柱下方，貼著一張紅紙，上面用金汁書寫「高聲響亮 開壇至尾大吉大利 百無禁忌」，前面插有香燭。也就是說，神壇設在裏面，開神壇和請神儀式正在舉行，而開神印、蓋神符的程序則在門外同時進行。

進入大門，迎門塑有一位腳踏風火輪、揮鐧擋煞的神靈。大殿正中神龕，供奉用樟木雕刻的北帝真武神像。兩側神龕分別供奉黃大仙、華光大帝、雷祖大帝和太乙救苦天尊。橫樑上高掛一個「積善家興」的牌匾，金字黑底，十分醒目。

大殿主祀玄天大帝真武。廣東番禺，2019，鄧啟耀攝

龍興廟擋門護法。廣東番禺，2019，鄧啟耀攝

　　大殿上已經聚集了一些人，三位身穿紅色道袍的道人正在誦經，旁邊有人吹笛擊磬伴奏。他們念誦的經文主要是頌讚「北方玄天」真武大帝的「元始天尊說北方真武妙經」，如：

北方玄天　杳杳神君　億千變化
玄武靈真　騰天倒地　驅雷奔雲
隊仗千萬　掃蕩妖氛　雷公侍從
玉女將軍　鬼神降伏　龍虎潛奔
威震五嶽　萬靈咸遵　鳴鐘擊鼓
遊行乾坤　收捕逆鬼　破碎魔軍
除邪輔正　道炁常臻　急急如律令

　　經文很長，念誦過程中，有一些男女信眾前來跪拜祈禱、上香燃燭、供奉祭品、焚燒各種紙符、紙錢和元寶。紙符包括上呈神靈的文牒、護佑家人的貴人紙以及敬奉神靈祖靈的紙錢紙衣和紙元寶，這些文牒紙符先在門口請人填好家族姓名地址、蓋上神符，再拿到大殿由道士誦經祝咒之後，在壇前點燃，送出門外香爐或集中在地上焚化。同時，還要焚化一匹紙紮的白馬，這紙馬又叫「神馬」，神馬上騎紅衣使者，專門負責把香客的祈禱和祭品帶到天界，報到北帝那裏。這便是北帝神誕儀式中的「燒紙馬上表天庭」程序。它的功能，與雲南用雕版木刻的「嶽馬」「槓夫」和「功曹符使」，是一樣的。

龍興廟大殿。廣東番禺，2019，鄧啟耀攝

在大殿裏舉行頌讚法事的道士和樂生，供桌上有各種祭品和待發文牒。廣東番禺，
2019，鄧啟耀攝

一些信眾把經過儀式的文牒紙錢之類用供桌上的燭火點燃，送出殿外。廣東番禺，
2019，鄧啟耀攝

騎白馬的紅衣使者負責傳送儀式文件和祭品。儀式結束，信眾把紙馬連同所有文牒
紙錢焚燒，即為「燒紙馬上表天庭」。廣東番禺，2019，鄧啟耀攝

　　儀式結束後，趁著大家沒事，項目組成員已經分別做了一些訪談，其中，
涉及龍興廟和靈蟠廟的內容如下：

問：龍興廟、靈蟠廟是什麼時候重建的？裏面有什麼故事？

答：龍興廟、靈蟠廟都是在文化大革命的時候給毀掉的，當時靈蟠廟只剩下一個門口和一扇門，全部牆都塌了；而龍興廟連門口都沒有，塌下來的青磚又是被偷光了，所以重建十分困難。在 2004 年的時候，有一位德高望重的大師提出來要重建靈蟠廟，但首先是要解決資金的問題。剛好在石樓當時有一個觀音廟，就提出向觀音廟拿二十多萬香油錢用於重建靈蟠廟，當年觀音廟的主持非常支持，用了大概一年多的時間完成了靈蟠廟。在 2005 年的時候，大家提出了重建旁邊的龍興廟，但這個規模比靈蟠廟還要大，需要的資金更多。其中有一個老人家提出向陳昌的父親陳儉文提出捐資，結果他馬上就答應了。

問：陳儉文老人家為什麼會答應的？

答：陳儉文是陳氏宗祠中比較大的一個家族，陳昌的生意也做得非常大，在當地也算是一個出了名的慈善家，而且陳儉文當年說這個重建靈蟠廟就是他父親的一個心願。因為，他父親在解放前是做私塾的老師，他的學生之中有一個來自本地大地主人家，很有錢的。有一天，他突然提出向這位地主預支兩擔糧食作為工錢。地主覺得非常奇怪，問道當時不是已經給了工資，這麼快又要了？陳儉文的父親解釋說，我提前要的這些糧食，主要是為了捐去靈蟠廟作為它的香錢。那位大地主覺得非常奇怪，陳儉文的父親解釋，人可以沒糧吃，但是神不能沒有香吃。這個故事一直在石樓流傳開了，自然而然也感動了陳儉民，所以他毫不猶豫地捐資建設靈蟠廟。而且，現在每一年的神誕當天，他都會過來參加宴席的，可以說是風雨不改。今天中午的宴席他已經留了兩席，招呼他的親戚和朋友。

陳儉文先生已經 95 歲高齡了。我們曾在陳氏宗祠「善世堂」重光儀式上，見過這位老壽星，他率兒孫，捐了兩千多萬元修葺善世堂，在地方上威望很高。聽說這樣德高望重的鄉賢要來，我們自然候在那兒，準備蹭飯，主要是想採訪他。果然，約莫 11 點鐘，一輛輶車拐進院米，陳儉文先生被人攙扶着，顫顫巍巍地來了。老先生很隨和，就和我們一起坐在露天餐桌邊，和大家聊天。老先生喜歡寫一些詩詞楹聯，有人指着我們身後的楹聯說，這就是陳儉文先生題寫的。大家回頭看，楹聯為「石上清泉來此聚，樓臺醴酒醉頤星」，旁題「庚

寅八六老人陳儉文撰聯並書」，筆力溫厚醇樸。老先生不好意思地笑了，說：
「現在拿不穩筆了」，那樣子很可愛。說歸說，還是又從懷裏掏出一張紙，是
他參加陳氏宗祠「善世堂」重光慶典時，用鋼筆寫的一首詩。

　　大家你一言我一語閒聊，說起老人家為什麼大老遠跑來吃廟裏的飯：

　　問：您以前經常過來龍興廟和靈蟠廟的嗎？

　　答：我小時候很喜歡過來的，龍興廟和靈蟠廟前的這棵樹，就
　　　是我小時候經常爬的。所以我對龍興廟和靈蟠廟，都非常有感情。
　　　我記得我的父親在舊時候，自己不夠吃，或者說不捨得吃，也要供
　　　奉龍興廟和靈蟠廟。我被他的那個時候（做的事）所感動，到了我
　　　自己這一代，也要像他那樣，懂得感恩。

　　問：您一直是在石樓長大和生活的嗎？

　　答：我十多歲的時候就出了石樓，在廣州打工，一直沒有回過
　　　來。我現在也不是住在石樓，但是我經常回來看看的，這邊有什麼
　　　大型活動我都很熱衷去參加的。

與陳儉文老先生聊天，在我們身後，是他撰聯並書寫的楹聯。廣東番禺，2019，項目
組成員攝

　　和陳儉文老先生一起吃完飯，先生回家，我們則被黃家俊先生邀請到他收
藏文物的紫鵬閣，參觀其從元代到近現代的各種北帝神像。細聊起來，才知道
他是一位真武神像收藏家。關於北帝真武，他如數家珍。他告訴我們，自己和
北帝有緣。小時候病多，差不多死了，後來得人指點，拜一位神通大的「做契」
（拜乾爹），就拜了北帝，得以長成。他還興奮地講了他得到北帝神印的故事：

靈蟠廟和龍興廟現在用的神印都是通過我找回來的。2008 年，我接到了一個與我長期合作的「收賣佬」（專門收購古董的老闆）的電話，說他收到了三個用銅鑄的神印回來，性狀非常特殊，叫我馬上過來看看。我第一時間就過去看了。擺在我面前有三個神印，造型一模一樣，都為銅鑄。印底是正方形，尺寸三寸乘三寸，連同神印頂部的一對龍物也是一模一樣的。但是，這三個神印都被油漆封住，印面上的文字內容看不到。我非常喜歡，但由於當時神印要價比較貴，每個二千三百元。我按自己的「眼緣」挑了其中的一個。我把那個神印拿回家，泡在硫酸液體中。大概過了一晚工夫，神印面上的油漆解開了，看到神印印面上的文字內容我大吃一驚。印文是九疊篆體，內容是「玉虛師北極玄天上帝之寶」，印的前側面上還寫著「道光十九年吉誕」。可以看出這個神印就是北帝廟的「鎮廟之寶」。我連忙通知那個收賣佬把另外的兩神印也給我留起來。記得當時為買另外的兩個神印，就用了三千六百元。拿回來之後我也是用同樣的方式把神印上的油漆解開。這兩個神印上的文字分別是「九天開化文昌帝君寶」和「觀世音菩薩寶」，可以看出一個是放在文昌廟，一個是放在觀音廟。就在這個時候，那個收買佬又打電話給我，說當時收那三個神印回來的時候還附有一張「黃紙」。我花了一百元把那張「黃紙」買了回來，打開一看，有一個更加驚人的發現，「黃紙」上的內容是：「適茲龍興靈蟠二廟重修厥公告成象信集資而鑄神印三顆周方三寸銅質雙龍壓重五十兩一為北帝印二為文昌印三當民食德而五穀昌疾病不作而無妖祥國祈永廷神印倕德者藏每至神誕送往神廟開印者福澤黎民。道光十九年歲次十一月二十七日龍興靈蟠廟立。」這張黃紙很明顯就是這三個神印的「出生紙」，有同樣的出處，歷史上一直在石樓鎮龍興廟、靈蟠廟鎮廟之用。可以這樣想，當年由於文化大革命，到處「破四舊」，到處都在破壞祠廟和神像。有好心人把這三個神印用油漆封了起來，逃過了被紅衛兵毀壞。也有可能保存這三個神印的人走了（仙逝）以後，他的後人以為只是普通破爛之物，就這樣的一個周折流傳到收賣佬的手上。

問：那三個「神印」平時也是在廟里保存的？

答：「神印」是不能放在廟裏面的，在古時候是放在廟祝或德高
望重的老人家宅裏，但是這三個「神印」我是放在我家里保存。因
為當年靈蟠廟和龍興廟的廟祝說我和三個「神印」非常有緣分，也
是通過我才能得到「重生」，所以堅持存放在我家宅之中。

由於真武大帝主水，在以水為財的嶺南地區，供奉真武大帝比較普遍。僅
我們考察過的北帝廟或供奉北帝的廟宇，就有佛山祖廟、順德勒流連杜村玉虛
官、廣州市番禺區沙灣鎮北帝廟、番禺區石樓鎮玉虛宮等。在祭祀中，廣東地
區比較流行的貴人紙、轉運紙、財神紙等，都較為常見。

下面是我帶學生到廣東部分北帝祭祀點採訪和拍攝的部分內容：

（1）廣州市番禺區沙灣鎮北帝廟〔註22〕

北帝，即道教四方神中的北方之神玄武，主司水，在民間稱為北帝。據說
明永樂帝靖難之役時曾受其保佑，故登基後就將之推行全國供奉，又由於北帝
水神性質，在水鄉珠三角地區就成為了一種較普遍的民間信仰。至今，沙灣許
多老人還流傳著有關永樂帝和北帝的傳說故事，雖然版本各異，也缺乏歷史依
據。但可看出其在沙灣人信仰意識中佔有重要地位。

而促進沙灣飄色興旺發達的直接原因，應該是咸豐年間清廷對粵劇的禁
令以及沙灣在當地傳統的北帝輪值巡遊活動中開始「以色代戲」。咸豐年間，
粵劇名伶李文茂響應太平天國運動，組織起義，失敗後遭鎮壓，粵劇也隨之遭
禁，伶人四散。沙灣進行北帝巡遊時也不能再請戲班演戲了，為了維持傳統慶
典，便「以色代戲」，由每個坊里自行組織飄色隊伍參加巡遊，每坊兩板，連
出三天，由於三天中每天出的色都要不同，並且每年都要出一些新的板色，所
以這段時間裏沙灣飄色得以發展迅速。而更內在的原因還是經濟。飄色的費用
不菲，一般由各坊里居民集資，但大部分還是由坊里中的有錢人出資。因為扮
色的小孩服飾要自備，所以就只有富裕人家的小孩才有機會扮色。

在北帝巡遊這一鄉鎮盛典上，飄色成為一種彰顯財富和身份的象徵，扮色
的小孩身上的衣服金器越貴重，自然越有面子。據說過去大戶人家在巡遊結束
後，還會專門雇民兵扛著槍保護掛滿金器的小孩回家。正因為沙灣宗族經濟發
達，每個坊里都不缺大戶人家贊助，自然每年出色時，各坊的板色都能花樣翻
新，巧妙別致。

〔註22〕田野考察：鄧啟耀、何紹光、陳少雅、歐丁等，本篇執筆：項目組成員陳少雅、
　　　　歐丁，鄧啟耀補充修訂。

也正因為沙灣宗族經濟發達，許多流落的粵劇伶人都聚到這裡謀生，與飄色藝人一同研究板色的製作，更有的藝人還會將自己的反清抱負隱晦地反映到飄色內容中，製作一些諸如「精忠報國」「劉邦斬蛇」等板色。自此，沙灣飄色成為一項遠近聞名的民間藝術，每年出色都會吸引大批外地的遊客來觀賞。沙灣俗話說「沙灣飄色，雨水滴滴，關起門避親戚」，便是形容這種應接不暇的盛況。據說，文革前沙灣傳統板色有一百多板，可見其過去的興盛程度。

據朱光文的介紹，沙灣的北帝信仰是李氏的祖先帶來的。傳說李氏祖先李潞遠將軍在雲南平息了兩個家族的矛盾，隨獲贈一尊北帝銅像。另傳說這尊北帝像是當年永樂皇帝所御製，天下只有四尊（另三尊分別在北京、南京、武當山）。李潞遠告老還鄉後將神像放在東村青龍廟供奉，後被順德某姓氏盜走，企圖破壞沙灣的風水，等到神像找回來後，沙灣人便決定不再固定供奉在一處，而在各個坊里之間輪值，成為「村主」。沙灣四大村計有「一居三坊十三里」，共十七個社區單位，北帝每年被供奉在其中一個坊里，稱為「當甲」，到次年北帝誕時則換到另一個坊里進行供奉，供奉的地方多在祠堂。當然也有一些坊里因種種原因輪不到，如承芳里、官巷里等。這一過程中要舉行盛大的儀式活動，抬北帝出來在各坊里間巡遊，並要請戲班過來連做三天大戲。北帝巡遊可以說是舊時沙灣最隆重的一項慶典。至今，沙灣許多老人還流傳著有關永樂帝和北帝的傳說故事，雖然版本各異，也缺乏歷史依據。但可看出其在沙灣人信仰意識中佔有重要地位。

北帝輪流坐莊的制度以坊里為單位輪值，因為何族一個姓氏就佔有十二個坊，所以從宗族為單位的角度看，何族是一個輪值期內迎接北帝最多的一個姓氏。這種安排既是為了公平起見，也是一種宗族勢力的體現。由於當甲的坊里需要組織廟會、飄色遊行、戲劇表演等活動，需要花費大量的金錢和人力，何族之所以成為當甲次數最多並且在最後輪坐制度接近崩潰時〔註 23〕依然堅持舉辦活動，得益於它強大的經濟實力和數量眾多的人口。

〔註23〕有些坊里因為資金不足的問題就採用合作的形式當甲，比如趙族的江陵里和何族的東安里曾經合作當甲，後來由於兩者鬧矛盾而變成各自從十二年變成二十四年輪一次。由於當甲需要花費大量的資金，解放後宗族經濟的解體，這種輪值制度也隨之解體。

玉虛宮。廣州沙灣，2012，鄧啟耀攝

玉虛宮北帝塑像。廣州沙
灣，2012，鄧啟耀攝

玉虛宮內景。廣州沙灣，2012，鄧啟耀攝

寺廟裏備用的紙火。廣東順德，2016，鄧啟耀攝

（2）廣東省佛山市順德區勒流連杜玉虛官〔註24〕

2016年3月3日（農曆正月二十五日）下午，我帶學生到廣東省佛山市順德區勒流連杜參加萬人生菜會時，在連杜村玉虛官的採訪和拍攝。

時間：2016.3.3（農曆二十五）

地點：順德勒流連杜村玉虛官前

受訪者：翁某，男，65歲，連杜村村民

問：連杜村的主要姓氏是什麼？

答：姓翁，本村百分之90都是姓翁。

問：玉虛宮主要供奉的是什麼神？

答：真武大帝。

問：除真武大帝還有什麼神？

答：有財神、關帝、四大護法天神。

問：拜神的順序應該是怎樣的？

答：拜神前，記得先要淨（洗）手。香不能叫「買」而應該叫「請」，三炷為自己祈福，六炷為兩輩人祈福，九炷為三代人祈福。

〔註24〕考察者有鄧啟耀、何紹光等。

先燒香再叩頭。燒香的話，應該是左手拿香，右手拿燭。燒香時，先用自己的火點燃香，要越旺越好，人們就常說香火旺盛嘛。左手在上，右手在下握住香，高舉過頭頂作揖。作揖後，把香插在香灰裏，就可進門叩頭了。叩頭的話，要認準佛祖。離開的時候記得捐一些香油錢啊。

問：那有什麼要注意的地方嗎？

答：離開的時候一定要跨過那個門檻，不要踏在上面，這是最忌諱的。

問：這個寺廟是什麼時候建的？

答：這個寺廟是 2000 年翻新建造的，是按照原來的樣子來做的。

問：原來的寺廟也是在這個位置嗎？有多少年的歷史？

答：原來就是在這個位置，有 300 多年的歷史喇。

問：神像是根據原來的模樣建造的嗎？

答：不一定的。因為舊的那些在文革時候已經全部毀了，現在的根據書本記載來做的，但造型是有根據的，像四大護法天王等，很多地方都能夠找到它的原型，所以這樣不難。

問：大家捐獻的錢主要是什麼用途？

答：主要是用在寺廟的修葺方面的。

在玉虛宮前祭拜的村民，以燒貴人紙為主。廣東省佛山市順德區勒流連杜，2016，鄧啟耀攝

把貴人紙及紙錢等在真武北帝壇前祭拜，以獲得靈性。廣東省佛山市順德區勒流連社，2016，鄧啟耀攝

玉虛宮前販賣香燭紙火的店鋪生意興隆。廣東省佛山市順德區勒流連社，2016，鄧啟耀攝

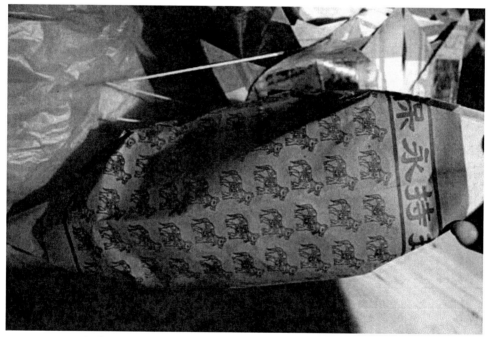

與貴人紙一起用的祿馬紙。廣東順德，2016，鄧啟耀攝。

真武北帝

北帝又稱黑帝，是炎帝的兒子。珠三角地區河網密布，民間普遍信仰北帝，原因之一是由於北帝是道教司水之神，屬水神，水為財。北帝神誕流行於珠江三角洲一帶，很多地方都會演大戲、行飄色，抬著北帝神像巡遊。民間也會在祖屋供奉北帝。

在祖屋舊址用磚搭了一個臨時的祭壇，貼有畫符蓋章的真武北帝紙。廣東清遠，
2012，鄧啟耀攝

真武上帝。清末，北京〔註25〕

好事紙

關於紙符，黃先生和陪同我們考察的小陳介紹，這個紙，本地叫「好事紙」，
只有石樓本地有，香燭店有得賣。蓋過神印隨身攜帶，可以化解圖裏的九種犯
煞。但對於九宮格裏的圖像，他也說不清來歷。過了一段時間，他請教了當地
的老人，用微信告訴我：人犯煞的可能很多，羊刃是惡煞，「種木羊刃」，接觸
到樹木犯煞；參加葬禮，可能和亡靈有衝撞，就是犯煞；甚至好事也會犯煞，
比如參加婚禮，木來是喜事，但回家來不舒服了，也是犯煞。這就要拿蓋過神

〔註25〕引自蕭沉博客：《俗神》（圖為日本人 20 世紀初收藏）http://xiaochen.blshe.com/
post/78/503808，2010,2,11。

印的「好事紙」隨身攜帶，用以化煞。如果飲食不當，噁心泛胃酸，亦可將此符燒灰和水服下。蓋過神印的毛巾亦分發給參加神誕的信眾，帶回家裏，可以辟邪。

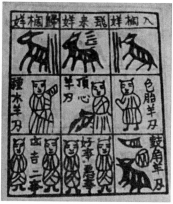

用北帝神印在「好事紙」上加蓋符章。廣東番禺，2019，鄧啟耀攝

好事紙。廣東番禺

田野考察實錄：廣東英德古西祠曹主娘娘神誕中的民間道統閭山派儀式過程

　　醮儀科範是伴隨道教的產生而出現的，是道教文化中的重要組成部分。道教在漢代形成後，全盤繼承了傳統的祭祀儀式，並對其作了相應的革新，補充了新的血液，形成齋醮科儀，並由歷代祖師、煉師，不斷改進、補充、刪定、發展整合而成，成為道教獨具特色的祭祀文化。〔註26〕「醮」的原意是祭，為古代禮儀，《說文解字》將其解釋為冠娶與禮祀。道教繼承並發展了醮的祭祀一面，藉此法以與神靈相交感。「齋」與「醮」是不同時期道教對科儀的總稱。北魏時期，道教把科儀稱為「齋功」。齋法有三種：一為設供齋，二為祭祀齋，三為心齋。〔註27〕道教之醮儀，源於「天師因經立教，而易祭祀為齋醮之科。」〔註28〕故有「靈寶立齋，正一有醮」之說。齋醮科儀，是人與神靈溝通的活動，也是神聖的宗教儀式。

〔註26〕彭埕福·《道教科範：全真派齋醮科儀縱覽》，宗教文化出版社 2011 年版，第2頁。

〔註27〕胡道靜、陳蓮笙、陳耀庭選：《道藏要籍選刊》第 1 冊，上海古籍出版社 1989年版，第 259 頁。

〔註28〕胡道靜、陳蓮笙、陳耀庭選：《道藏要籍選刊》第 8 冊，上海古籍出版社 1989年版，第 323 頁。

　　醮儀也就是俗稱的「道場」、「法事」，即師公依據一定的程序、章法進行
的儀式表演，進行醮儀表演的場所就是醮壇。「醮壇布置的宗教意義，是以藝
術的形式創造一個神聖空間，以傳達神秘的宗教教義、觀念和情感，吸引和感
化信徒與觀眾。」〔註29〕道士寇謙之清整道教，反對利用天師道犯上作亂，把
父慈子孝臣忠的原則，充實為教義。增訂符合統治階級要求的充滿儒家色彩的
科律戒條，又增加了齋醮儀範，如受籙科儀、求願科儀、解度科儀、治病科儀、
超度科儀、解厄科儀，不一而足，強調道民誦經禮懺的重要性；還制定了規範
道民舉手投足的許多規矩。經過寇謙之改革的北方天師道稱為北天師道，後來
歸併為正一道。陸修靜還完善道教科儀規誡，根據靈寶齋法和上清齋法，重新
制定道教齋儀，使道教齋儀開始規範化和系統化。規定道官論功升遷，完善道
教組織，完善道教科儀戒規，使道教齋醮系統化。經過這次的改革的南方道教
稱為南天師道，後來歸併為正一道。清代茅山派、神霄派、清微派、淨明派，
在民間的活動很活躍，許多科儀媚於世俗，道教活動混同於民間信仰活動，但
他們在世俗化的進程中拓展著道教文化覆蓋的領域。元代龍虎山天師道第三
十八代天師張與材在 1304 年被元宗室封為正一教主，讓他主領閣皂山、龍虎
山、茅山等三山符籙，龍虎山宗就改名為正一道，小的道派紛紛歸入正一派，
從此江南道教全在全在正一派的麾下。〔註30〕

　　筆者田野點廣東英德地區和增埗地區的醮儀活動深受道教醮儀影響，其儀
式操作程序是在道教醮儀基礎上的簡化，並融合了當地信仰文化特徵。當地民
間信仰的節慶日多為廟主神的聖誕慶典，每逢這些重大節慶，廟宇都要舉行莊
嚴、神聖的宗教活動，十方信徒前來敬神、朝拜。筆者有機會觀察到英德市連
江口鎮西廟曹主娘娘神誕活動的整個儀式過程，並將其記錄下來。接著筆者又
於第二年的曹主娘娘誕日進行補充性調查，又一次觀察和記錄了整個儀式過程。

　　據林超富先生《北江女神曹主娘娘》一書介紹，西廟，又稱西祠，坐落在
現英德市英城馬口白樓村背後叢林茂密的麻寨山南麓。廟前溪水蜿蜒而過，廟
後麻寨山挺拔秀麗。西廟為三進式構造，跨進大門，左邊是財神爺神像，右邊
是白馬將軍及神馬塑像。繞過天井為主殿，端坐著曹主娘娘及其嫂子的神像，
主殿正後方為兩層結構神殿，上層供奉的是盤古大王神像，下層供奉的為地藏
王神像。下層右邊是玉皇王母神像，下層左邊並列兩個神殿，第一殿供奉的是

〔註29〕張澤洪：《文化傳播與儀式象徵》，巴蜀書社 2007 年版，第 250 頁。
〔註30〕張振國、吳忠正：《道教常識問答》，上海人民出版社 2008 年版，第 3～4 頁。

花公花母神像,第二殿供的是觀音菩薩神像。《英德縣志》載:「西祠,即古寨將夫人廟。唐末徐志道建廟於麻寨岡,祀虞夫人,因號焉。」由此可見,西廟乃曹主娘娘信仰的發源地,祭拜的主神為曹主娘娘及其嫂子。每年農曆六月初六是曹主娘娘誕辰日,俗稱「娘娘誕」。在「娘娘誕」那天,會舉行十分隆重的醮儀活動。林超富說:「從前,西廟醮儀活動十分隆重,五年一小醮,十年一大醮。每當舉行醮儀活動時,村民在半年前就要開始各方面的工作。英德城的居民都湧到西廟參加活動。」〔註31〕

據筆者參加的情況來看,醮儀活動已不復往昔盛況。首先,從參加的人員來看,基本上為50歲以上的老年人,沒有見到幾個年輕人。其次,參加的人數來看,雖然很多,但比起林超富所說的還差太遠,規模在縮減。第三,活動準備沒有以前繁瑣、細緻、分工多。第四,醮儀活動的影響減小,起碼英德城居民就沒來多少,來的大部分是附近村民,以及一些從韶關、仁化、雲嶺趕過來的姐妹拜神組。第五,師公做法程序變得簡單、隨意,法事持續的時間縮短,經文的數量減少,參與儀式的師公減少,醮壇擺設簡化。這一方面緣於師公的年事太高,體力不足,據筆者訪談所知,以前師公打醮凌晨開始,而今天師公們六點多才起來,打醮儀式八點才開始;另一方面由於文革「破四舊」,許多經文資料和儀式工具要麼遺失,要麼被毀,當時那些年齡漸長的高功法師招不到徒弟,等他們一個個過世後,一些沒有記錄下來的儀式也就從此消失了。廣東民間醮儀活動保存的還算較好,但也已經青黃不接後繼乏人。

舉行齋醮儀式,要設立專門的祭壇,作為祭祀神靈之所。祭壇是人神交流的神聖空間,設立祭壇的宗教意義就是在神聖空間與神靈溝通。舉行大型齋醮活動,一般要設立幾個祭壇,其中必有一個是主祭壇,其他祭壇都屬於分祭壇。西廟為慶祝曹主娘娘神誕,延請三位師公,分別於三處神殿建壇打醮。一個在曹主娘娘神殿,為主壇;另兩個分壇,一個在地藏王神殿,一個在玉皇王母娘娘偏殿。選擇其他兩個壇址的原因一個是出於安全性和方便性,盤古殿在後殿二層,觀音殿太靠裏面,空間小,打醮和進出不方便,還有一個原因在於西廟屬於道教信仰系統,有觀音殿是因為宗教的相互影響和混成性,但主體還是彌散性的道教信仰。不在花公花母神殿的原因在於一個是神的性質,花公花母作為生殖神和專職神,主要職責在於送子,且屬於地方神系統,比起另外兩位神靈,還是有點差距。

〔註31〕林超富:《北江女神曹主娘娘》,廣東人民出版社2009年版,第43~44頁。

（1）曹主神誕儀式前階段

師公儀式分為幾個階段，儀式前階段即儀式的準備過程，儀式中階段和儀式後階段。在儀式前階段，供奉曹主娘娘廟的廟長和寺廟理事會齊，商量舉行神誕儀式事宜，包括通知各方兄弟姐妹，請師公和舞蹈隊，確定各項事物的負責人，如購買食物、祭品、香燭鞭炮、雞豬、紅包等等。在儀式的頭一天，仙姑（參與儀式的婆婆）要為曹主娘娘洗浴、更換新衣。由於師公的年事較高，平均年齡都在六十開外，儀式時間會由於師公的身體以及當時的天氣狀況有所調整。據筆者訪談所知，以前的儀式時間一般從凌晨開始，持續三天三夜，甚至是七天七夜的也有。所以這次儀式開始時間定在八點。筆者在前一晚上到達，看到的整體情形是：整個寺廟燈火通明，操持事物的人員已經進入夢鄉。一、作為祭品的活豬栓在寺廟大廳的柱子上，二、作為儀式道具的雄雞和祭品的雄雞繫在桌腳，三、曹主娘娘及其嫂子已更換好新裝。第二天早上六點左右，活動籌備人員紛紛起床，開始緊張有序的忙碌起來。師公在頭一天已經入住到寺廟，各籌備人員醒來時師公也跟著起來了。由於筆者主要觀察的是師公的醮儀，所以筆者將以師公作為觀察的中心，整個觀察將圍繞師公進行，兼顧參與儀式信眾的言行。師公洗漱完畢後，開始準備儀式。老人家在製作奏表科文、令旗、折香紙。師公拿起道具開始布醮壇。準備儀式的人員大約二十人。

在儀式開始之前，仙姑已經在香案上擺放好一盞油燈、三碗大米、九個杯、六碗茶、三碗酒和祭品。祭品包括原料為高粱粉的包子一盤、蘋果一盤、蒸熟的雄雞一盤、豬肉混雞肉一盤。還有一盒糖果，盛有紅棗、青果、硬糖。

準備奏表。黃韌攝　　　　　　　　供品。黃韌攝

醮壇布置：儀式用桌一張，上鋪一塊紅布。桌上擺放米九碗，疊成三摞，每一摞上放有一個紅包；兩盤米，一盤米上用支架掛有畫像，即英德閭山派祖師牌位，上書「前傳口教祖本宗師歷代之神位」。畫像後又插九根香，左邊 6 根右邊 3 根。另外一盤米，上面插著一張紅紙，紅紙上寫著拜請的各寺廟神靈：

> 拜請本地師爺白公老人到壇來，
>
> 拜請白公廟滿堂神明，
>
> 拜請白馬三郎滿堂神明，
>
> 拜請東山廟滿堂神明，
>
> 西廟落成曹主娘娘滿堂神明，
>
> 拜請孔子廟爺爺滿堂神明，
>
> 拜請南廟娘娘滿堂神明，
>
> 拜請連江廟姑婆滿堂神明，
>
> 拜請觀音老母到壇來。

儀式道具：驚堂木一塊、朱砂一盒、法師印一塊、紅色長袍師公服一件、七星寶劍一把、法鈴一個、銅鑼一對、龍角三隻、筶三串、令旗數面、大雄雞一隻、白酒一瓶、酒杯三個、點燃的香 5 根、燭 2 根、香煙兩根、包裝的香一把、鞭炮一掛、黃色長條奏表科書（即章表，又稱表文）兩張、黃色信封三個（裝信徒願望、請求一類，一個封面書一副對子，分別為：

> 千里眼
>
> 第一條：**古廟紅（朝）一座答謝誠恩清吉。
>
> 順風耳；
>
> 驅邪出外
>
> 第二條：為合眾信說起神公紅（朝）一座答謝誠恩。
>
> 引福歸堂；
>
> 左具
>
> 第三條：前傳口教祖本宗師保祐眾清吉。
>
> 上申

師公所有儀式道具。黃韌攝

　　從以上儀式道具看，有法鈴、法師印、寶劍、令旗、龍角、笏、神符等。祭壇法器被視為神聖之物，人們相信法器具有某種靈性，上可召神遣將，下可驅邪除魔。法鈴，亦稱三清鈴，高功法師手裏搖的法鈴高約23釐米，口徑約9釐米。法鈴一般為黃銅製。法鈴有降神驅魔的作用，高功手握法鈴搖動，發出叮鈴叮鈴的聲音，意為震動法鈴，神鬼咸欽。法印是壇場行法的憑證，道教上奏天廷的文書要加蓋印信，有神靈印章才會產生效力。法印多用於驅魔辟邪。道教認為法印乃神靈所賜，為壇場權威的象徵。法劍又稱寶劍、七星劍等。法劍是道士行法的法器，在道教法術體系中具有特殊功能。道教認為法劍是神授之寶物，是代天行法的利器，具有斬妖驅邪的功能。法劍祭祀時可用於畫符。令旗，是傳令或號令的旗幟，分為帥旗、神旗、令旗三種。神旗用於鎮定乾坤，統領五方兵將，號令大小神將。帥旗用於祭壇上招兵遣將。令旗是傳令五方兵馬的號令旗，表示五營兵將按青、赤、白、黑、黃五色，鎮守東南西北中五方，故又名「五色旗」。龍角又稱靈角、號角，長約30釐米，用黃銅製作。龍角作為道教醮壇的法器，用於召集神靈，請神差兵，祛除妖氛，具有降神驅邪雙重作用。為人神之間溝通的媒介，法師吹響號角，

以呼喚神靈降臨法壇。儀式中每個儀節的始末吹奏三聲號角，以宣告儀式的開始和結束。法師行法離不開號角，號角是法師神力的象徵。竹卦又叫筶子，打卦又叫打筶。竹卦是用竹根、牛角尖對半鋸開，上端尖而稍彎，下端寬而平齊，形狀略似牛角。卦用來占卜吉凶，以卦相來顯示神靈的意向，儀式中神靈是否到位，法事是否功果圓滿，事主吉凶禍福的判定，都由卦相表示。每副卦由陰陽兩片組成，內面為「陽」，外面為「陰」，占卜時可單副使用，也可三副同時使用。法師卜卦達不到預定目的，要麼重做法事，要麼用字諱訣法，直到達到目的為止。師公的招訣，又稱手訣、法訣等。招訣是行法中的掌指動作，法師用手指的比劃、造型，來表達特定的宗教含義，它具有驅邪、鎮鬼、退病、解厄之法力……道教認為通幽洞微，召神御鬼，關鍵在於招訣。招訣與步罡是最基本的配合。〔註32〕

　　師公儀式道具中雖然無幢幡、圭簡、如意、符簡、法尺、令牌、手爐等道教醮儀中的繁瑣道具，但又有道教醮儀中的供器、供養、牌位、法器、章表、法印、法劍、令旗、筶等道具。當地師公醮儀從醮儀道具到醮儀內容，都受到道教醮儀的深刻影響。

　　從以上醮壇布置看，祖師牌位放於儀式桌正中靠後位置。古人將「天、地、君、親、師」列為同級，可見古人對師的重視。道教將「師」奉為三寶之一，即，無上道寶、無上經寶、無上師寶。以「師」為最高信仰之一，稽首皈依師……至理剖群疑。師父是修道之人的一盞明燈，更是講道釋經和解剖疑惑的人天之師，換句話說，就是傳道、受業、解惑，有師才能明經義悟大道。道教的丹經、法術、科儀等等玄學的秘訣，都是秘傳的，都不行之於文字之間，歷來都是師徒授受，就這樣一代代的傳了下去。因此道教舉行大型齋醮時，都要延請本派始祖及邀請師父臨壇主盟，再召請天庭神靈降壇，才能達到啟建齋醮的效果。〔註33〕

〔註32〕張澤洪：《文化傳播與儀式象徵》，巴蜀書社 2007 年版，第 263、264、268～269、278～279、282～283、295、330～331 頁。

〔註33〕彭理福：《道教科範：全真派齋醮科儀縱覽》，宗教文化出版社 2011 年版，第333 頁。

曹主娘娘神符　　　譚十九郎（白　　　　師公儀式中所用祖師符籙
　　　　　　　　　　公）神符

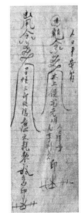   

師公儀式用符籙

（2）曹主神誕儀式過程

師公進行的儀式過程分為開壇、招兵、排兵、開井、造橋、請飯、下馬、奏表、娛神、送神十個主要儀式。其中，在殺豬時還舉行小型的殺豬光儀式。每當一輪儀式做完後再反覆整個儀式過程，整個儀式持續一天一夜左右。參與人員有加進來的，有退出的，一直維持在九人左右。儀式開始前，兩位師公助手坐於儀式桌兩邊，手拿銅鑼，師公身穿紅色師公長袍，立於儀式桌前。

開壇儀式

師公敲三下驚堂木，表示儀式開始。左座師公助手開始敲響銅鑼，仙姑燃放鞭炮。師公手持龍角向東西南北四方神靈叩拜，拜完後吹響龍角。師公連續三次敲三下驚堂木，從米盤中拿起酒杯和銅鑼，喝一口酒並吐於銅鑼上，手指向銅鑼唱念師公經文：「鑼一聲鼓一聲，鳴鑼鼓角請仙神。弟子往前來拜請，師南拜請眾仙神。」念完後從米盤中拾起筶，扔向儀式桌，再拿起驚堂木敲三下，把法師印放於米盤中。師公再次三敲驚堂木，從桌角抓起雄雞向五方神靈叩拜，向東唱念經文「排起東方九夷兵，兵馬九千九萬兵。人到下場九千九萬眾，馬到下場九千九萬兵。人人頭載斗連身穿甲，手執長槍火煙旗。排起兵勒轉馬，排兵勒兵轉南方。」同時拿筶環繞雞頭一圈，向南唱念經文「排起南方八萬兵，兵馬八千八萬兵。人到下場八千八萬眾，馬到下場八千八萬兵。人人頭載斗連身穿甲，手執長槍火煙旗。排起兵勒轉馬，排兵勒馬轉西方。」向桌上扔筶。擰開雞嘴，向西唱念經文「排起西方六乘兵，兵馬六千六萬兵。人到下場六千六萬眾，馬到下場六千萬兵。人人頭載斗連身穿甲，手執長槍火煙旗。排起兵勒轉馬，排兵勒兵轉北方。」向北唱念經文「排起北方五敵兵，兵五千五萬兵。人到下場五千五萬眾，馬到下場五千五萬兵。人人頭載斗連身穿甲，手執長槍火煙旗。排起兵勒轉馬，排兵勒馬轉中央。」回到中央念唱經文「排起中央三秦兵，兵馬三千三萬兵。人到下場三千三萬眾，馬到下場三千三萬兵。人人斗載連身穿甲，手執長槍火煙旗。排起兵勒轉馬，排兵勒馬轉中央。」念畢叩拜，開壇儀式完畢。

師公做每一個儀式動作前，師公助手必須敲擊銅鑼。因為負責敲鑼的師公助手在師公每次儀式動作之前都會敲鑼，故後面不再贅述師公助手敲鑼動作。儀式中，作為師公的助手之一的仙姑們，腰繫紅帶，各端一盤包子、一盤蒸熟的整雞、一盤米、一盤蘋果、一盤雞肉和豬肉立於儀式桌旁，並適時應和師公唱詞。居於右座的師公助手基本不敲鑼，從他的表現來看，僅僅是一位用來湊

數的，師公對其多次露出不滿的表情，但又無可奈何。這也反映了醮儀人才的
式微，不得不拉不懂行的熟人來充數。在儀式過程中師公與師公、師公與仙姑
間還能聊天、交流，這種在儀式中的隨意性淡化了儀式的嚴肅性和神聖性，是
道教齋醮文化不昌的另一證實。

開壇儀式。黃軔攝

招兵儀式

接著開壇儀式，一位仙姑手抱雄雞走在最前頭，名為「鳳凰引路」。幾位
仙姑手持祭品，從東面魚貫繞過神像前香案，師公和兩位助手緊隨其後。等師
公走到神像前時，整個隊伍停下來，師公唱念經文「一聲龍角勝羊羊，招兵弟
子下壇場」完後吹響龍角，師公助手敲鑼。整個隊伍以仙姑在前、師公在後的
隊形繼續從西面前行，出神殿，進前殿。當師公經過神像時便停下腳步，唱念
經文「二聲龍角勝微微，未知九州兵馬何處西」叩拜並吹響龍角。隊伍來到拜
庭案臺後各就各位。仙姑手持祭品立於師公周邊，師公從仙姑手中接過雄雞，
抱雞向南方神靈叩拜，邊唱念經文「三聲龍角勝哀哀，未知九州兵馬何處來。
作夜在我師爺衙內點兵出，如今在師爺衙內點兵來。」把雄雞歸還仙姑後唱念
經文「弟子法兵東方東路去，東方東路去招兵」並向東叩拜，吹龍角。師公向
南重複一遍以上動作後唱念「弟子法兵南方南路去，南方南路去招兵」，轉向
西方唱念經文「弟子法兵西方西路去，西方西路去招兵」，倒酒於地。

　　接著師公轉向北方唱念「弟子法兵北方北路去，北方北路去招兵」後叩拜。師公繼續唱念經文「弟子法兵打在中央中路去，中央中路去招兵」，重複叩拜動作。師公手持令旗向南拜，唱念經文「東方嶺上卦起招兵榜，南方嶺上升起招兵旗，西方卦起招兵榜，北方嶺上升起招兵旗，中央卦起招兵榜，五方嶺上升起招兵旗。招轉大排兵小排兵，麒麟兵獅子兵常遊白將大戰兵，麒麟獅子門前坐。」呼喚太上老君下界排兵。繼續唱念「金雞放在屋簷啼，驢驢馬卒門前護。常遊馬將四山巡，上村也有同年同月日，下村也有同月同時生。也有催鑼並打古，也有出堂去招兵，莫聽他人角聲響，聽我弟郎鳴鑼古角去招兵。」叩拜後吹響龍角，仙姑向四方喊「千兵萬馬來」。師公繼續向南叩拜，唱念經文「一聲龍角勝洋洋，告乘三清及玉皇。二聲鳴角勝微微，造水奶娘下壇時。三清玉皇神大帝，太上五靈神老君。媖姆七千請徒眾，呂山三官神九郎。五百神通請羅漢，拜請三洞諸魔王。金鑾院中多教主，王公法主李仙師。三界魔鬼斬鬼將，雲洲二十四縣宮。劉公八郎師開口，部帶劉八皮兵。呂山請出黑虎將，呂山請出大將軍。前行十二神尊主，後行二步神本師。」師公從米盤抓米扔向四方，象徵向四方招兵並提供兵糧，唱念「為吾招轉東營領兵領糧轉，領兵領糧轉東營。東方兵馬領糧轉，囬身移步轉南營。為吾招轉南營領兵領糧轉，領兵領糧轉南營。南方兵馬領糧轉，囬身移步轉西營。西方兵馬領糧轉，囬身移步轉北營。」接著銅鑼敲響，師公助手對白：

　　　師公：招兵大法弟子招齊了？五營兵馬未招齊了？

　　　助手：招齊了，到來壇前紛紛亂亂，亂亂紛紛。一宗神戶東坐、西坐、南坐、北坐、中坐。有一坐知一坐，有一石支一石，有一斗支一斗，有一合支一合，有一攝支一攝。左營兵馬在先，右營兵馬在後。大馬子一石八斗，小馬子一斗八升。好好當壇給出，強者不得多取，弱者不得全無。養兵千日，用在一時，聽我壇師打鑼古，支消。

　　對白完畢後師公吹響龍角，師公助手敲動銅鑼。招兵末，師公右手執七星寶劍（柄墜鈴鐺，刀身刻「驅邪出外」），左手抱雄雞，面向南方說：「今將人各走換了，南晨北斗言主長生。弟子有事當壇來教稟，無事不敢請仙神。」放下寶劍，師公咬破雞冠，將雞冠之血滴於五面招兵令旗下角並唱念：

　　　拜告南門爺師主，準南門下祖爺師。崔閭師男鳴角請，扶郎清告水細光明。

　　三座四座連尊主，五座六座眾仙神。口吹鳴角來關請，師男關請是何神。

　　關請上中下年神法主，一十二、二十四營神戰丘。

　　左營兵頭劉大保，右營兵頭馬指揮。劉太保馬指揮官，各點仙兵個個歸。

　　聞著弟郎角聲響，扶郎仙水灑光明。灌請五方淮率失仙師，香煙仙人童子郎。

　　未情造符先造酒，造起煙來正造符。加扶弟子神通力，不捨慈悲降來臨。

招兵儀式。黃韌攝

　　仙姑從隙與之應答。師公再拿鈴鐺環繞雞頭，並向四方叩拜。仙姑隨之高聲唱和，旋即燃放鞭炮，請到神兵。招兵儀式結束。

排兵儀式

　　招完兵後，一仙姑抱雄雞引路，其餘仙姑端祭品緊隨其後。師公斷續吹奏龍角，而銅鑼一直在敲。招兵隊伍沿原路線回到神殿，並開始繞案臺轉圈。轉到神像前師公唱念經文「鑼一聲古一聲，明鑼古角請神仙。弟子往前來拜請，師南拜請眾仙神。」吹響龍角。繼續環繞香案，轉至神像前師公繼續唱念經文「東方請出排營排坐師，排坐仙神童子郎。南方請出排營排坐師，排著仙神童子郎。西方請出排營排坐師，排坐仙神童子郎。北方請出排營排坐師，排坐仙神童子郎。中央請出排營排坐師，排坐仙神童子郎。」並吹龍角，仙姑抱雄雞和唱。環繞香案唱念經文吹龍角重複三遍後，仙姑們開始將祭品擺放在神像前香案。回到儀式桌前，師公叩拜並執龍角唱念「請出男坐左邊，女坐右邊，合似桃園洞女仙。請出男神坐男位，女神坐女行。請老者坐高好說話，小者坐底好錢茶。請出初開天地盤古大王當天坐，兩營兵馬排兩邊。請出大慈大悲觀音娘娘當天坐，兩營兵馬排兩邊。請出本洲本縣城皇大皇、勒封正順曹主娘娘當天坐，兩營兵馬排兩邊。請出華光大帝、府洲登壇白公尊主、譚十九郎當天坐，兩營兵馬排兩邊。」再叩拜，一師公助手跟拜。師公從托盤取出酒杯，倒酒於地，繼續唱念「鑼一聲鼓一聲，鳴鑼鼓角請神仙。弟子往來來拜請，師南拜請眾仙神。請出三清上聖、東華高真、三壇六姆、王母群神、閭上三官、六曹安尊、左壇龍氏右壇農母、陳林李氏三奶夫人、仙姑姊妹、八大仙師、千萬師主師娘、道獻師公張養勝、付有祖師、拿挪太祖、七位龍皇、付有仙人、廟落仙姑、平生漢帝、十大元帥。三清口口鑒韶洲，三清口口鑒韶象。功曹快馬拮搖邊，師南打馬獻神仙，落營美酒下排兩邊。」後重複叩拜吹角動作，再倒酒於地，繼續唱念經文「鑼一聲鼓一聲，鳴鑼鼓角請神仙。弟子往來來拜請，師南拜請眾仙神。請勒封五顯華光大帝、府洲登壇白公尊主、譚十九郎、雲中得道白馬三郎、頭靈師主、黃老仙師、本壇師主五十五郎、社發師、逢邊儿郎、本師洞土、社官大皇。上祠下廟有鑒神共，當金太歲至得尊親。口口爺爺鑒韶洲、口口爺爺鑒韶象，功曹快馬拮搖邊。師南打馬獻神仙，落營美酒下排兩邊。」重複叩拜吹角動作。師公繼續唱念經文「我師重重來保祐，不敢疊疊請來仙神。我師端坐龍神院，弟

郎暫歇半時辰。頭壇法事得周知，當壇敬奉我仙神。安敬仙神坐上位，中界師主坐連壇。下界神兵連下座，兩營兵馬兩邊排。東連停羅西息鼓，息羅息鼓不息兵。停住羅來息住古，五營兵馬嘈嘟嘟。燒金紙來又銀錢，順風吹上大羅天。大羅天上召星斗，羊角山頭李老仙。我師莫嫌銀錢少，下壇法事又來迎。我師來無好奉獻，鳴角奉上眾神仙。安奉列列眾神仙，安奉上座仙又仙。中座師爺坐連臺，下界神仙排起來。列列仙神聽我鳴響，弟郎鳴角奉仙神。」排兵儀式完畢。排兵儀式也就是安神坐位儀式。

招兵儀式即請神儀式，在道教儀軌中請神科儀又叫請聖科儀。按道教傳統儀軌，凡不在宮觀廟宇設壇立靖，均要舉行請神科儀，道場圓滿時又行送神科儀；在宮觀廟宇內建醮，除迎神開光，按時間、時辰和喜神方位設壇行請神科儀外，其他道場皆不行請神、送神科儀。〔註34〕雖然英德地區民間信仰及醮儀活動深深打上道教烙印，畢竟與道教醮儀有所不同。不論在廟宇內還是廟宇外，當地師公都要舉行請神儀式。需要指出的是，整個招兵、排兵儀式總共九人參與招兵，仙姑六人，師公及助手三人。拜庭招兵過程中由兩位仙姑負責向四方扔米，師公叩拜一次，仙姑扔一次米。招兵儀式中用到兵旗四面（兵旗上書「送給西廟滿堂神留念」），四位仙姑負責在香案前搖旗。期間有香客燒香叩拜，師公的動作基本重複，即唱念、叩拜、吹角。每次唱念完後吹角表示經書的一個小節結束或儀式的一個程序結束。時而師公與助手、師公與仙姑互相唱和。據師公說，參與人數能多則多，人少可少，沒有限定。從開壇儀式→招兵儀式→排兵儀式，前後持續近 1 小時。師公說，每個環節至少應該持續半個小時。但據筆者觀察並沒有持續半個小時，最長 20 分鐘左右，最短五分鐘而已。這是儀式環節的減少、經文的簡化和缺失，以及師公年事過高、體力不佳合在一起的結果。

〔註34〕彭理福：《道教科範：全真派齋醮科儀縱覽》，宗教文化出版社 2011 年版，第318 頁。

排兵儀式。黃韌攝

開井儀式

師公重新穿好紅色師公袍，敲驚堂木三下，表示儀式開始。師公手執龍角向四方神靈叩拜後吹響龍角。師公跳著舞步唱念經文「神水羊羊勅天台，神水紛紛勅地門。天是我父地是姆，左係青龍右白虎。」唱念完後吹響龍角。繼續跳著舞步唱念經文「前來朱雀後玄姆，弟子今朝來監時。金雞來啼玉犬來到，仙人來起玉女來。」唱完後吹龍角。變換方向和舞動範圍，向四方邊跳著舞步邊唱念經文「弟郎帶去取水轉，坑中取水養仙來。井水又來泉仙水，坑中又來流仙水。」跳完後吹響龍角。師公放下龍角，從托盤中取出七星寶劍向四方舞動。師公回到儀式桌拿起酒杯，繼續向南舞動寶劍後面向南挑酒於地，用寶劍在灑酒處畫出狀如「井」字圖案，再沿逆時針方向劃一個圈，再在中間點一點，畫出「井」字訣，繼續唱念經文「河中大海水神來，媓姆又來治邪水滅鬼水。陳林李奶做法水，吾奉老君急急如律令勅令洞中雲水廣即大，化水姆鎮武自然來。」繼續一手持酒杯一手舞劍，向四方繞圈。重複向四方唱念舞劍動作，舞到面向南方時挑酒於地，重複上面畫字訣動作並唱念經文。師公繼續重複唱念經文、舞劍四方繞圈動作。舞到面向北方時挑酒於地，重複畫字訣及唱念動作。

轉到西方時倒酒於地，重複畫字訣及唱念動作。再次轉到南方時舞步開始轉急，陷入一種癲狂狀態，繼續重複倒酒於地、畫字訣繞圈動作。一套儀式動作結束後放下酒杯拿起龍角，繼續唱念舞跳，跳完後吹響龍角。開井儀式結束。

　　據師公解釋，開井要開東南西北中央五方井。開井儀式持續將近 15 分鐘，算是比較久的儀式。由於開井儀式經文短小，師公念唱完一遍後會繼續重複經文內容。

造橋儀式

　　師公拿起驚堂木敲擊三下，表示儀式開始。師公持龍角向四方叩拜，拜完後吹響龍角。開始唱念舞跳系列儀式動作，動作完畢後吹響龍角。依次重複該套動作四遍後端起托盤（裏面盛滿大米，放有毛巾一條、紅包一個、筶一串、令旗五面）向四方神靈叩拜。叩拜完畢後，將托盤放於法桌之前，從托盤中取出令旗，左手執兩面，右手執三面，開始向四方跳舞、轉圈並做出各種女性動作（扭臀、擺腰、作嫵媚狀等等），口中依然唱念不停。師公助手敲鑼，師公舞步速度加快，放一面令旗於托盤，令旗朝向東南，繼續重複唱跳、扭擺動作。師公面向北方唱跳，順時針舞旗轉跳一圈再次面向北方後朝向西南方放下一面令旗。接著師公面向南方唱跳，再轉向西北方重複上述唱跳動作後，於托盤西北角放下一面令旗。師公的舞動範圍向周圍擴大，面向南方舞動手中令旗，再轉向北面重複一遍動作即將小旗放於托盤東北角。師公轉到南面繼續唱跳、舞旗動作，再轉回北面將小旗放於托盤中央後迅速拿起龍角和寶劍，開始圍著按五個方位放有令旗的托盤繞圈唱念、跳舞、吹龍角。師公重複該系列儀式動作兩遍後放下寶劍，持龍角繞托盤跳一圈後放下龍角，拿起托盤從東方開始順時針向四方神靈叩拜。叩拜完畢後脫下法衣，捧法衣叩拜。造橋儀式結束。

　　造橋儀式所造之橋即仙橋，神仙經此仙橋上下神聖世界與世俗世界。以上儀式進行下來，已到午飯進餐時間。隨著進餐時間到來，開始請飯儀式。先由仙姑盛上三碗飯菜〔註35〕供奉神靈。據師公介紹，所請之神及順序為：五方神→盤古大王→太上老君→玉皇大帝→王母→本堂神靈。請神吃飯儀式時間最短，不能超過 30 分鐘，既不能耽誤世俗信徒吃飯時間，也不能耽誤神靈下界吃飯時間，所以時間不能太長。

〔註35〕菜很簡單，只有油炸豆腐、煮白蘿蔔兩樣菜。

造橋儀式。黃韌攝

請飯儀式

　　師公首先持角向四方叩拜，轉向南方後吹響龍角，開始唱念請神吃飯經文，呼喚神靈下界進餐，旁邊仙姑與之應和。重複唱念經文、叩拜、吹角動作九遍後再向東南西北中央唱拜三遍。唱念請神經文，唱完叩拜後吹龍角。每請一位神靈則重複此一動作，一次恭請五方神→盤古大王→太上老君→玉皇大帝→王母→本堂神靈。請神完畢後，大家開始吃飯。由於師公和仙姑身份特殊，得以坐在法桌和神靈同桌吃飯。

下馬儀式〔註36〕

　　師公敲響驚堂木三下，表示儀式開始。師公持龍角向四方神靈叩拜三下，轉向南面吹響龍角，再轉向北面吹角。吹完角後師公取酒杯向北南東西四方各倒幾滴酒，捧托盤向北南東西四方邊叩拜邊唱念「勅開勅符上請三清上勝玉皇神大帝，太上五君神九郎。拜請三天尊八表八真人，左右斬邪後真居。各各聞著師男龍角請，千兵萬馬到壇來。」隨之繞香案一圈，走到神像前叩拜、唱念「鳴角重重來相請，躬身拜請任何神。拜請呂山呂陽縣，呂山三官神九郎。拜我師男官左蒙典山七郎，拜我右典官蒙山十郎。拜請六司六曹六典官，追鬼營教鬼門外斬。邪神判官到送上樑，紫金仙紫殿來殺。勅符姜仲人仙神，拜請長眉仙短眉仙。三日目仙，雲中八萬象仙神，拜請呂山師主曾主郎。好漢仙人劉漢王，何山十一郎，流帶雷公將電姆。風伯將雨師，強風將雨大將軍，各各聞

〔註36〕下馬儀式在午飯後開始，據師公講，要做夠一個小時才算有效。

著師男龍角請，點兵點馬到武壇來。來到壇前寬謝座，弟郎再請後來神。」走到南面時向南方叩拜，再轉回北邊向北方神靈叩拜，環繞一圈完畢。師公繼續唱念「鳴角重重相得請，躬身拜請任何神。拜請上宮邪王大姆，中宮透邪王姆娘。下宮斬邪突貴弟，七十二宮相女娘。拜請江州江九姐，拜請凡州林九娘。西兵山前林九姐，眾神江口李三娘。劉牛山上金九姐，排得殿前金八娘。橋頭花公李四叔，橋尾花姆祝三娘。聞著弟郎龍角請，千兵萬馬到壇前。」重複叩拜動作兩遍。師公從托盤中拿出黃色信封和奏表科書放於米盤上，捧米盤轉向南面唱念「龍角重重來相請，聲聲拜請眾仙神。吹角就見下中壇。焚香拜請千師主，萬師萬爺同師主。一筶落壇保弟郎，各壇各師同相請。請到壇前案保寶座，千千師主萬萬師。」並叩拜，放下米盤回身拿起龍角吹奏。

　　師公吹奏完後執角向南方叩拜、唱念「弟子左營天仙兵，右營地仙兵十萬雄兵，十萬戰兵。各各到來寬謝座，香壇臺上棵酒齊。請的左右兩營神兵馬，天地仙兵到壇來。」後吹角。師公重複向南唱、拜、吹角動作 7 遍，並唱念經文「向當天跪請，拜請天地神明，日月星光，虛望過往神。上祠下廟一切神祈，請到壇前案寶座。鳴角羅古來相請，向燈由燭請仙神。請的仙神列列到，乘雲駕務鶴到壇。在地狹馬頭急搖鞭，在水搖將到壇前。撥開雲頭親到座，千金上騰落到壇前來。勝筶筶頭落地保平安。」師公回身面向北邊唱念、叩拜、吹角後轉向西方唱拜、吹角，再回轉北方唱念、叩拜。師公助手敲鑼，師公繼續重複唱念、敲鑼再唱念、叩拜、吹角動作三遍後轉向南邊吹角。再轉向北邊唱念、敲鑼再唱拜後轉向南邊吹角再回轉北邊，重複此儀式動作三遍。師公轉回南面後從托盤中取筶向四方搖晃、唱念經文、跪拜、扔筶，師公觀看筶相後唱念經文，依次又重複三遍。師公再跪起後歸筶於盤，持龍角唱念經文。師公繼續唱、敲一次後轉向南邊唱拜，罷而助手敲鑼。師公重複此系列儀式動作六遍後，從托盤中取茶杯向北向南倒茶水於地後放回茶杯，再取酒杯向北向南倒酒於地後放回酒杯，此一系列動作皆要同時唱念經文。接著師公取筶向北唱念、敲鑼，繼續重複相同儀式動作後跪拜於地扔筶、觀看筶相併唱念經文，仙姑和唱、師公助手敲鑼。師公再唱念、扔筶，仙姑和唱、師公助手敲鑼。師公起身、還筶，持龍角向南唱、拜，重複三遍。師公捧米盤繼續唱念，師公助手敲鑼，師公放米盤於地再向南邊叩拜、唱念，吹響龍角。下馬儀式結束。

奏表儀式

師公從米盤中取出三封奏表信封分發給仙姑，然後面向南方跪讀奏表科文，三位仙姑手捧奏表信封立於師公後。宣讀完奏表科文後，師公用法師印於奏表信封上蓋下三個朱砂印，再於奏表科書上蓋下一到兩行法師朱印，朱印覆蓋奏表科文上所有文字。再由師公助手咬破雄雞雞冠，用雞冠血掃過奏表科文上所有文字。師公面對神像宣讀完奏表科文後折起放於米盤中。師公助手捧米盤走在前頭，師公吹角居中，敲鑼助手緊隨其後，幾位仙姑走在最後。隊伍從西邊出神殿，邊走邊吹角、敲鑼至廟外拜庭。至拜庭後，師公手捧米盤向四方叩拜並念唱「嗚角長長吹一聲，拜請南方敕符神。飛雲閒來白鶴子，傳達奏書梁舍人。弟子楚香伸呂請，赤雲勝步降香壇。三聲龍角勝連連，拜請西方奏表仙。白鶴仙人臨法會，奏文奏表李仙官。供主虔誠來拜請，白雲白馬降香檀。龍角三聲連四聲，北殿功曹降來臨。北殿閒來白鶴子，諧前奏來梁舍人。弟子楚香伸呂請，黑雲黑馬降來臨。五聲龍角勝微微，再請中央敕符神。奏表仙人白鶴子，五殿奏來梁舍人。弟子壇前伸呂請，黃雲勝步到壇前。」師公助手敲鑼。師公放下米盤，手捧奏表科文念唱「龍角聲聲透天京，東殿功曹伸普請。身著青衣褂青甲，領文領表上天堂。南殿赤符赤帝官，赤衣掛甲坐赤安。走馬承雲來下降，傳書達仗奏天堂。」吹角，持酒杯向北向南倒酒於地。師公繼續唱念「西殿功曹掛白甲，身騎白馬執銀鞭。走馬承雲同下降，奏仙官壇前奏表。北殿符官掛黑甲，身騎黑馬坐黑安。降赴壇前奏文表，傳文奏表上天堂。五殿含書梁舍人，黃衣卦甲執黃旗。白鶴仙人親下降，領文傳書奏天堂。」師公助手敲鑼，而仙姑則在一旁應和師公唱詞。師公唱念一句，仙姑則高聲應答「是啊，是啊。」重複前述動作多次後，師公助手取奏表科文焚燒，奏送上天。師公從米盤中取筶並唱念「年勅功曹雲裏坐，月勅功曹降法壇。日勅功曹打快馬，時勅公急搖邊。當日功曹親下降，一筶當壇保地郎。年初功曹歿夫甫，日勅功曹超子龍。日勅功曹劉祖榮，時勅曹楊子欽。生下三朝能會話，四朝能讀九經書。來似飛雲去似箭，催行三步上青天。朝在四伏門下奏，善思勅封楊子欽。」扔筶，觀看筶相唱念「時早億師龍角請，萬里含香赴道場。千里要求千里應，萬眾香火萬家迎。不怕空忙伏斷路，不怕關津帝蓋神。虎備花紅來奉獻，奉獻功曹下馬香。金口伏內起青煙，直透仙官金殿前。佼者賞文傳奏表，口時奏達上諸仙。奉獻功曹下馬燈，奏文奏表早登程。奉獻三杯雀舌茶，煩勞奏表上天衙。」師公助手敲鑼，師公重複前面扔筶觀筶相動作，並念唱「奉獻功曹

下馬汛，壇前供主表口誠。有事壇前來拜請，下馬茶酒獻三杯。領納三杯到坐酒，謝來領納禮銀錢。伏望功曹親到坐，一筶當壇保地郎。功曹佼者在壇前，聽我囑咐二三言。路上行程君莫血，水裏行程君莫亭。陰陽樹下君莫宿，急水壇頭莫灑身。誠恐風吹風浪起，你莫來破我文書。文書肚內有賢人，速來速奏上天堂。」後，燒奏儀完畢。等師公及助手走後，仙姑繼續留在原地高聲唱念，點燃鞭炮，並用力向地面跺兩腳、高聲說了兩句經文。奏表儀式便告結束。

宣讀奏表科文。黃靭攝

　　奏表儀式包括念奏儀式和燒奏儀式兩部分。奏表格式，前半部分為拜請各路神靈、法師等醮儀中常規性話語，後半部分為納錢祈福之信徒名字。筆者記錄了一份師公所用奏表內容如下：

　　　奏為　今梭
　　　中華人民共和國廣東道韶州府英德市**村**鄉**四圍圍府。
　　　各方各向立宅安居於往。
　　　今肖啟旗叩許或酌還洪朝或遠醮，二日三夕，
　　　或三旦四夕，或一夜道場，合眾誠心。
　　　今將男婦老幼方各開列於左，
　　　信仕**名等。
　　　佑領眾信人等即日誠心拜於

大道光中，具呈意者，伏惟願念眾信，庇佑

家家清吉，人口均安，男增百福，女納千祥，

財源順遂，生意興隆，耕種大有，萬物誠收，

興財興旺，六畜成群，茂迎景貨，萬福由同。

今立文跪一封，言主上光中，沖為福萬，官非不惹，禍道全飛。

又將文（跪）奏到曹主案前，焚香祝白。

自許或還以後，託賴神恩降福，彩納化情，

祛移遭耗，萬福攸同，僅跪以聞。

師公進行奏表儀式顯然受到道教「上表」科儀的影響，其主要意思就是師公根據信徒的意願寫具表文，用法力（即燒奏表）把它送到天庭神靈呈閱。「表」是一種文體格式，是古代上呈皇帝有所陳請的書信。道教把這種人間的儀式引進神界，借「表文」上請眾神，以求能達到某種願望。〔註37〕

焚燒奏表科文。黃韌攝

娛神儀式〔註38〕

師公娛神

參加者：師公三人，師公負責跳舞，兩位師公助手負責敲鑼；儀式道具：花紙扇一把、紅手帕一條、女性衣服一套、插大紅花假髮套一個、龍角一個。

師公穿上女性衣服，帶上插花假髮，把自己打扮成女性摸樣。各自就位後，師公開始跳舞娛神。師公邊跳邊唱《師公歌》：「左邊金搥打金鼓，右邊銀搥打銀鑼。鑼響之時文官到，鼓響之時武官來。文官到壇安天下，武官勒馬到龍壇。

〔註37〕張振國、吳忠正：《道教常識問答》，上海人民出版社2008年版，第129頁。
〔註38〕娛神儀式有兩種，分別為師公娛神和信徒娛神。

太平時年文官貴，返亂之時武官強。法事做了一壇連二壇，好比王姆對呂山。法事做了三場連四場，好比金雞對鳳凰。法事做了五壇連六壇，好比芙蓉對牡丹。法事做了七場連八場，好比亞頭對嫩郎。法事做了九壇連十壇，好比仙女下凡間。」師公扭著瘦削的腰身，擺動著雙手，邊舞口中邊念唱「一聲鳴角勝洋洋，王姆衖內借衣裳。二聲鳴角勝分分，王姆衖內借仙裙。三聲鳴角勝華華，王姆衖內借仙帕。口吹寶角勝洋洋，啟告三清及玉皇。啟告奶娘是奶娘，奶娘壇下借衣裳。借向鄉主公來福主娘，借你鎖匙開籠箱。金打鎖匙開竹籠，銀打鎖匙開木箱。開脫籠來揭開箱，籠中取出好衣裳。寒天借出寒衣著，熱天借出熱衣裳。來得山高路又長，未層帶得好衣裳。來得山高路又短，未層帶得好綢段。來得山高路又華，未層帶得好仙帕。來得山高路又近，未層帶得好仙裙。來得山高路又遠，未層帶得已多件。來得山高路又愁，未層帶得好色頭。」只見他左手舞動花扇，做出破浪狀的動作，右手揚起紅手帕，扭動著脖子，踩著舞步，時前時退，富有節奏感。一會兒見他搖著花扇打著圈兒，甩起手帕配合花扇動作，一會兒在身前快速向左向右扇動花扇，拋送紅手帕，極富女性陰柔之美。在舞動過程中，師公繼續念唱「借娘鑼裙十八幅，借娘鑼布逞風流。借娘金簪頭上插，借娘花鞋腳下穿。借娘耳環圓叮噹，借娘手鈕昌兩昌。凡人帶來不合著，未層連短又嫌長。借衣娘子囬身轉，勅裙娘子又來臨。勅裙三師三童子，勅裙三師三童郎。加扶弟子神童立，不捨慈悲降來臨。謹請東方青帝青羅裙，羅裙口口到東方。妹子好比觀音樣，救盡凡間已多人。謹請南方白帝白羅裙，羅裙口口到南方。手捧南蛇來腹使，著使腹使變成龍。謹請西方白帝白羅裙，羅裙口口到西方。萬丈高樓從底起，曲尺難量妹子心。謹請北方黑帝黑羅裙，羅裙口口到北方。妹子生成刾紗樣，愛口愛競交兒郎。謹請中央黃帝黃羅裙，羅裙口口到中央。」跳到中間，師公把花扇換為龍角，開始吹角。吹完龍角後，拿著龍角和手帕重複之前的動作，舞一會兒，吹一下龍角，口中繼續念唱「姊妹排來十三介，排來排去妹過靚。五方刺裙又來了，上著妹子有來臨。搖搖擺擺擺搖搖，搖搖擺擺請娘行。嘈嘈鬧鬧鬧嘈嘈，八幅羅裙遮地拖。上著綢緞下綾羅，打扮小妹似嬌娥。上著綾羅下著圓，打扮小妹似嬌蓮。上著圓來下著烏，打扮小妹似亞姑。上著烏來下著黃，打扮小妹似嬌娘。上著黃來下著青，打扮小妹十分靚。上著青來下著紅，打扮小妹逞威風。打扮小妹都齊整，賽過南海觀世音。新娶夫娘咀唇紅，罵豬罵狗罵老公。新娶夫娘面帶黃，罵豬罵雞罵家娘。新娶夫娘眼角烏，罵豬罵狗罵丈夫。新娶夫娘講牙花，罵豬罵雞

罵亞媽。新婆夫娘面帶紅，罵豬罵狗罵家公。天陰陰來地陰陰，男人拌轉女人身。天皇皇來地皇皇，男人拌轉女人裝。未層裝身凡間子，裝起身來似奶娘。一朵黃雲遮妹頭，五方邪鬼盡歐愁。二朵黃雲遮妹身，五方邪鬼走了清。三朵黃雲遮妹腰，五方邪鬼走飄飄。四朵黃雲遮妹鞋，五方邪鬼叫喋喋。五朵黃雲來遮妹，五方邪鬼叫哀哀。」筆者拿過龍角，有一定重量，但見師公舞動起來絲毫不見阻滯之狀，動作流暢、優雅。一套舞蹈下來，估計神靈都已為之陶醉，放佛在欣賞仙女衣帶飄飄、翩翩起舞。據說，這位廖師公妝扮女性最有神韻。跳舞娛神時，師公還要改變方向，娛神過程中師公不是只面對一個方向。兩位師公助手則不間斷的敲著銅鑼，為師公伴奏。師公則仍然邊舞邊唱未完的《師公歌》：

> 上著妹子回身轉，又請五方借水娘。加扶弟子神通力，不捨慈悲降來臨。
>
> 借水三師三童子，借水三師二童郎。謹請東南西北中央借水娘，借水娘子出壇場。
>
> 小妹你去行一轉，借問叔婆有水無。奈位叔婆借水用，等涯小妹慢慢完。
>
> 日頭一出紅西西，借出水來又無梳。小妹你去行一轉，借問叔婆有梳無。
>
> 奈位叔婆借梳用，等涯嬌蓮慢慢完。日頭一出青球球，借出梳來又無油。
>
> 小妹你去行一轉，借問叔婆有油無。奈位叔婆借油用，等涯小妹慢慢完。
>
> 上家借水借梳油借不到，老君衙內借出來。借出油梳何所用，拿來壇下小妹巧梳妝。
>
> 借水借梳借油回身轉，梳妝娘子又來臨。棟久吾前巧梳妝，梳頭櫈子在何方。
>
> 五更雞子叫洋洋，梳妝娘子出壇場。五更雞子叫淒淒，梳妝娘子正當時。
>
> 左邊借出油臘盞，右邊借出梳頭箱。雙手搬出矮櫈子，輕輕移步出壇場。

　　左邊放落油臘盞，右邊放落梳頭箱。梳妝娘子一齊到，個人尋介好坐場。

　　中心放落矮橙子，梳妝娘子坐中央。便把金簪來取落，金簪取落放梳箱。

　　便把頭繩來取脫，頭繩取落放梳箱。便把頭髮來折散，頭髮折散把梳行。

　　大梳梳了小梳梳，小梳梳了把油磨。日頭一出青求求，口啥頭索手磨油。

　　一盞黃臘二盞唐，搽得妹頭放毫光。一盞黃臘二盞油，搽得妹頭活流流。

　　鳥仁飛來跌斷腳，蚊子飛來跌斷腸。聞得廣東妹子會打半，一頭頭髮半斤四兩油。

　　搽得前面光後面光，爺娘開口值八十兩。搽得前面容後面容，眾人看見不值三鏨銅。

　　你話無介話涯講好多人都話，頭上虱蔴捉埋也有二三揸。

　　你話無東多涯話有總過多，頭上虱蔴捉埋足足二三羅。

　　你話無人信涯話多人仅，頭上虱蔴捉埋二三斤。

　　你話無東重涯話總過重，頭上虱蔴捉埋三斤重。

　　捉了已來口得已已，莫在頭上咬死裏。捉清光來捉清光，莫在頭上來作養。

　　你講你來你係風華，轉頭講你懶道蔴。懶道蔴來懶道蔴，朝朝睡到日頭斜。

　　走起身來眼黃口，又花左邊毛右邊孖，一孖孖去門扇各落下拿介水杓。

　　蔴洗得眼睛光淒，姐走去碗櫃下拿只碗並雙筷添碗仙竹蔴食得。

　　肚裏大過蛇漲彼吧劏豬姆狗骨，硬冰牙老猴哥老猴蔴做糍粑。

　　講得多來差得多多，由如水打無公田螺。講盡千般檔牙花，由如路上水推沙。

　　便把頭繩來紮起，頭繩紮起在頭中。便把頭髮挽口了起，頭髮挽口起便成髻。

便把金簪來插起，金簪插起放毫光。左邊收起油膩盞，左邊收起梳頭箱。

雙手兜轉矮櫈子，輕輕移步轉修房。轉到修房先謝座，燒錢安奉眾神仙。

燒金紙來化銀錢，當當點當當當點當。點點當當到奈方，點點當當到東南西北方中央。

滿堂菩薩共火光，祛邪出外福為堂。男孫女媳滿家堂，一朵蓮花送親郎。

男添百福女千祥，弟郎香火遠才口揚。

娛神舞蹈持續時間較長，在娛神間隙中，師公會反覆念唱《曹主娘娘留念書》，把曹主的故事說給曹主娘娘及信眾聽。如師公起念「一聲鳴角勝洋洋，招轉惠妃曹主仙娘，九州兵馬攏口到壇場……。」師公念唱完《曹主娘娘留念書》一遍後又會繼續從頭開始，直到娛神儀式結束。

另有娛神儀式師公穿紅色師公袍、頭戴師公帽，右手拿龍角、左手持七星寶劍，跳舞娛神，大體動作與上面所描述相當。

師公娛神。黃靭攝

信徒娛神

師公娛神結束後，舞蹈隊開始娛神。參加者為娛神舞蹈隊。舞蹈隊員全是五十以上的女性，她們有專門的舞蹈教練，有領舞，有自己的舞蹈服裝，平時

排練，她們表演的舞蹈只有幾個動作，即雙手擺動繫在腰上的彩色綢帶，同時向左向右扭動身軀，即扭秧歌的簡化版。一旦遇到神誕節日需要娛神，她們就會被請來娛神。這次曹主誕也把她們請來。整個儀式過程就是舞蹈隊在那裏扭秧歌，有音樂伴奏。

　　娛神儀式結束後便是送神儀式。送神儀式的操作程序跟以上儀式雷同，唯一不同之處便是師公所念經文。

信徒娛神。黃韌攝

　　在村民要殺那頭豬之前，師公會做一個很小型的儀式，即殺豬光儀式。殺豬光儀式即所謂的「開光」，就是讓一件醮儀物品附著上法力，從而可以讓信徒來供奉。

　　殺豬光儀式需要的道具包括：一把短刀，一隻龍角，一個銅鑼。參與者：師公和師公助手兩人。儀式過程中，師公對著活豬唱念經文：

　　　　一聲龍角勝羊羊，調豬弟子下壇場。二聲龍角勝連連，調豬弟
　　子下壇前。

　　　　三聲龍角勝哀哀，調豬弟子到壇來。東方給壇給解師，給解仙
　　人童子郎。

上給老君恒元七寶莫，下給王姆子雲飛。百鳥飛來落羅網，蟲蟻圍來落火坑。

東方給壇給雨滿，護吾弟子轉南方。南方給壇給解師，給解仙人童子郎。

上給老君恒元七寶莫，下給王姆子雲飛。百鳥飛來落羅網，蟲蟻圍來落火坑。

南方給壇給雨滿，護吾弟子轉西方。西方給壇給解師，給解仙人童子郎。

上給老君恒元七寶莫，下給王姆子雲飛。百鳥飛來落羅網，蟲蟻圍來落火坑。

西方給壇給雨滿，護吾弟子轉北方。北方給壇給解師，給解仙人童子郎。

上給老君恒元七寶莫，下給王姆子雲飛。百鳥飛來落羅網，蟲蟻圍來落火坑。

北方給壇給雨滿，護吾弟子轉中央。中央給壇給解師，給解仙人童子郎。

上給老君恒元七寶莫，下給王姆子雲飛。百鳥飛來落羅網，蟲蟻圍來落火坑。

中央給壇給雨滿，護吾弟子轉壇場。

左手持龍角，右手持刀模仿殺豬動作，做著舞蹈的動作。師公邊舞動匕首邊唱念經文，唱完一段後停下來吹龍角，一直重複這個動作。師公助手則在一旁不斷敲鑼，並與師公對答應和。整個儀式過程持續將近 5 分鐘，儀式的目的在於安撫將被宰殺而驚恐的豬的靈魂，告知掌管豬族的神靈，祈禱神靈的原諒，同時表達感謝之意。

宗教活動的一個共同特徵是它的例行性及重複性。「儀式就是例行化的宗教程序和過程……儀式無疑是所有宗教實踐的必經程序。反覆的吟唱和音樂上重複的曲調也在強化一個宗教所欲傳達的主要信息。儀式是每次都要按標準禮節舉行的階段性事件，因為參與者要從事接近神聖之物的危險行為，為此，他們自己必須處在轉化和神聖的狀態。進入儀式狀態的過程是一種「神聖化」的過程。」〔註39〕整個儀式中師公的動作是不斷重複的，基本動作都為唱

〔註39〕莊孔韶主編：《人類學通論》，山西教育出版社 2002 年版，第 401 頁。

念經文、叩拜、師公吹角、師公助手敲鑼、仙姑應和。師公醮儀道教色彩濃鬱，醮壇師公多用道家符籙、字諱、手訣等，步罡踏斗以示鎮妖驅邪，達到納吉、祈福的願望。儀式中師公用到的最重要的幾個儀式道具有十分明顯的象徵意義。一個是雄雞，一個是大米。雄雞象徵鳳凰，在中國傳統文化裏，鳳凰是中國古人對多種鳥禽模糊集合而產生的神物。有關雞與鳳凰的關係，據龐進考證，《樂葉圖》中有「鳳凰至，冠類雞頭」句。雄雞善鳴，有司晨的功能；鳳凰也善鳴。漢代李陵有「鳳凰鳴高崗，有翼不好飛」的詩句，這「有翼不好飛」，也是雞的特徵。而在中華傳統菜肴中，大凡以「鳳凰」為名的，一般都是雞。如雞爪被稱為「鳳爪」、雞翅被稱為「鳳翅」、雞腿被稱為「鳳腿」等。整體上以鳳凰為雞或以雞為鳳凰的情形也多有所見。〔註40〕大米則反映了農業文明的國度，大米對南方居民的重要性和南方居民對大米的重視，故將大米視為非常重要的儀式用材，成為農業的象徵符號。

　　來拜神的信徒在臨近中午時人數達到一個高峰，所有信徒在拜神時向四方叩拜，十分虔誠。在《神仙江湖》一書中，作者說在中國古人看來，所有信仰的法則都是人類可以掌握的，人類在掌握這些法則的基礎上，可以根據實際情況在生活中調試規則、規避規則，甚至善意或惡意地利用規則讓神靈世界為自己服務，在神靈面前，古人自己是自信而樂觀的。〔註41〕其對宗教的解釋過於極端和主觀，缺乏田野調查資料的支撐，生計模式是一個地區居民適應環境的結果。為了適應地區特殊的環境生存下來，一個地區會形成一個地區特有的生計模式。英德地區多山、峽谷、河流，這就決定他們的生計模式為水上運輸為主、生產山貨、向外輸出木材。在險狹的河谷裏、湍急的水流上行船，對於船夫和商人而言，是極其危險的事。通過祈禱神靈庇護是自然不過的行為。在大自然的鬼斧神工面前，人們不得不承認自己的渺小脆弱。而神靈則通天徹地、法力無邊，臣服於神靈即可獲得庇護。中國民間信仰的最大的特點是功利性，如果神靈能保佑行船安全，那麼船夫是不會介意自己是否在神靈面前顯得渺小還是高大。而且，他們也不認為自己操縱信仰法則，他們就是相信神靈，只要通過虔誠祈禱，神靈就會顯靈。信徒不會也不懂掌握信仰法則為自己服務。但是作者談到這點，其實說到了一個筆者想要探討的問題。在民間信仰中

〔註40〕龐進，雞與鳳凰[OL]，http://www.cdragon.com.cn/Rlwkx.asp?NewsID=323，2005
　　　　年12月1日。
〔註41〕黃曉峰：《神仙江湖：潛伏在民間信仰中的神仙》，陝西人民出版社2012年版，
　　　　第170～175頁。

確實存在神靈信仰被操縱的現象，但是作者將操縱神靈信仰的對象擴大化了。真正操縱神靈信仰的，在國家層面上是國家統治者，在地方層面上即地方統治者或地方精英，在英德地區即地方宗族勢力。他們才是利用信仰法則為自己謀取利益的行為者。只要神靈有靈，底層民眾不會在乎自己在神靈面前是否渺小，民眾事實上承認自己在神靈面前渺小。以古人「祭天」為例顯然可以說明這個問題，「天」作為一個有意志的人格神，它賜予人類陽光，水，糧食，是人基本物質生產資料的來源。同時，「天」也有一種絕對至上的權威，支配著人間的一切吉凶禍福、生老病死，對人類的行為進行賞罰以懲善揚惡。因此，面對「天」，人自然而然產生敬畏與恐懼之情。在「天」的面前，人是渺小的，因此古人很謙卑。他們視「天」為自己的祖先，誠惶誠恐地去孝敬它，祭祀「天」就是與上帝相溝通的最好方式。

從參加神誕的情形來看，信徒們總體呈現出男性少女性多，年輕人少老年人多的特點。整個王母神誕會，有來自廣東各地的「姐妹兄弟」也前來拜神。信徒會獻上不同的祭品，一般為當地農產品。楊成志在《廣東北江瑤人的文化現象與體質型》一文中曾談到瑤族建醮的社會功能：「度身」（亦稱小登科）與「拜王」（亦稱大登科）是一種原始社會的入社式「Initiation」的遺俗，本屬個人儀式，然因慶賀酬謝，已變成大眾與全村共有的儀式，「建醮」亦是整個社會最熱鬧的節期……這種儀式的意義差不多由宗教變成大眾娛樂的代替。〔註42〕英德曹主神誕似乎也具有了這種意義。英德地區祀神活動，其本質反映出地方的神靈信仰。受道教的長期影響，粵北地區的神靈信仰、儀式活動，逐漸發展為民間的風俗習慣。「道教植根於中國社會，與民眾的日常生活結合最緊密。道教倡行仙道貴生、無量度人，道教齋醮儀式能充分滿足人們對生命的祈求，對亡靈的濟度，因而得以滲透民眾的生活之中，並與民間風俗信仰密切結合。道教齋醮儀式與民俗信仰的結合，是道教影響中國社會的結果。民眾的祭祀需求和信仰習俗，是道教齋醮賴以生存的深厚土壤。」「自唐宋以來，民間每逢神仙誕辰，例要舉行齋醮活動，吸引信眾參加，遂逐漸形成慶祝神仙誕辰的道教節日。至明清時期，道教節日的齋醮活動，已成為民間歲時習俗的重要組成部分……道教齋醮與民俗信仰結合的途徑之一，是吸收民間俗神進入道教神系，城隍、土地、媽祖、關聖帝君、文昌帝君、碧霞元君等民間俗神，相繼成為道教齋壇崇祀的神靈……道教齋醮與民俗信仰能夠結合，在於齋醮

〔註42〕張澤洪：《文化傳播與儀式象徵》，巴蜀書社 2007 年版，第 510 頁。

具備的宗教功能。在神道設教思想濃鬱的中國古代社會，人們相信道教齋醮的祈禳濟度功能，期望建齋設醮以感動上蒼，賜福消災，濟死度生。道教齋醮與民俗結合的根本原因，在於齋醮能夠滿足民眾的心理需要。」〔註43〕

　　筆者在進入主殿時看到主殿右邊一個大箱子，裏頭裝滿了紅包，信徒們都會在這裡挑選紅包，這是給信徒們裝香火錢用的紙袋，信徒們通過給神靈布施紅包來得到神靈的庇佑，而廟宇不會強制信徒給神靈布施紅包，但他們會告訴信徒給神靈送點紅包能表示更大的誠意。為了能最大的顯示自己的誠意以獲得神靈更多的庇佑，信徒們會竭盡所能去向神靈表現誠意，比如多磕幾個頭，多燒幾根香，多捐點香油錢。在一些儀式裏，信徒如想獲得特殊的待遇，就要再給寺廟捐香油錢。如筆者前述的奏表科儀式中，奏表科文上寫有許多信徒的名字，有男性名字也有女性名字，但女性名字居多。筆者發現信徒必須支付香油錢，師公才會把信徒名字寫上去。有信徒問師公支付的價錢，後者回答三元一個名字。信徒一般為 50 以上的農村女性，3 元錢對於她們來說用處也很大，還可能是她們省吃儉用存下來的，甚至是自己的養老錢。儘管那位信徒開始顯出不情願，稍微殺了殺價也就順從地接受了師公的價格。在追求神靈庇佑時，她們可以把平時不捨得買吃買穿的私房錢全拿出來或者拿出大部分捐給神靈。她們覺得只有這樣才能向神靈證明自己的誠意，以此感動神靈，為自己及家人降福。

　　筆者發現，信徒想要在廟宇吃飯還必須向廟宇交飯錢。信徒向廟宇名目繁多的布施、廟會和神誕帶來的商業、廟宇借助旅遊收取的門票、因之帶來的地攤經濟，在神異資源、宗教資本的操控中誕生了廟宇經濟。文永輝的《神異資源——一個鄉村社區的宗教市場與宗教經營》〔註44〕中描述了宗教和宗教儀式在市場經濟中的另一面，即宗教文化的利潤問題。寺廟擁有一種特殊的「神異資源」，但是如何運用組織者的社會資源與之結合，將寺廟的「品牌」打入宗教市場是每一個宗教領導者和地方寺廟管理者的關鍵世俗考量。他所討論的問題也正是近年來在中國社會一個比較新穎的話題。「中國的傳統宗教組織雖然不具有高度的組織性，但也並非完全沒有組織，一個個的寺廟，其實就是一個個小而精悍、組織化程度非常高的宗教組織，而這些寺廟公司化的發展

〔註43〕張澤洪：《文化傳播與儀式象徵》，巴蜀書社 2007 年版，第 493～494、500～501 頁。

〔註44〕文永輝：《神異資源——一個鄉村社區的宗教市場與宗教經營》，中山大學博士論文，2007 年 3 月。

中，則又極大的提高了其組織機能和經營能力，這使他們在與制度性宗教的競爭中也不處下風，使制度化宗教獨霸市場變成不可能」。文中提出宗教市場內的自由競爭這一概念將宗教的世俗面目揭示於世人。

廟宇通過操控獨有的神異資源、宗教資本，既獲得了資金，支持了廟宇規模的擴大，廟宇的維修，日常香火的購買，廟宇人員的生活開支，也擴大了影響和權威，借助信徒的信仰和支持，在一定程度上掌握了決定地方事務的話語權。尤其是地方廟宇，由此而獲得了在國家資本和權力遍布每個角落的情況下與國家話語進行對話和博弈的力量，進一步確保了廟宇的延續和發展，也確保了地方小傳統文化的存續。廟宇也就成為了一個小地方的權威中心，在國家力量沒有到達之前承擔了管理地方事務、調解地方衝突、引領地方輿論、建構地方文化的功能。

在神誕節日舉行醮儀中，村民會請求師公對賣身契施法，上奏神靈，徵得滿堂神靈的應允，然後貼在廟宇牆壁上公示出來。在曹主娘娘廟裏筆者發現許多賣身契（見附錄 7）。從賣身契的內容來看，賣身者基本上都是剛出世的小孩子，由父母向神靈請願，將子女賣給廟中神靈，其祈願皆為「保養長大成人、長命富貴、天長地久、保祈榮華富貴、金玉滿堂、大吉大利」等等所有吉祥之語，希望子女獲得所有福吉，並於「完婚之日雞魚三牲完謝神恩」等等。賣身契貼在廟牆上，最近的一張賣身契為 2012 年農曆 2 月 23 日簽下。賣身契強烈凸顯了民間信眾對於信仰神靈的功利性。民眾將自己最珍視的子女賣給神靈，表明民眾對神靈的強烈信任，他們認可神靈的力量，相信自己向神靈的祈願在適當的時候會得到神靈的兌現。

不管是地方宗族、客家族群還是山地民族，為了獲得福祉、消災祛病，都會把自己或子女賣給神廟中的神靈。所有賣身契都會寫上某某賣給「合殿神仙」或「滿堂神仙」。「賣身」於滿堂神仙的村民，不管他是哪個家族、哪個村落、哪個族群的，大家都寄名在同一群神仙下，這樣就在超現實的世界裏結成一種異姓兄弟姐妹的關係。賣身契這張神符成為大家身份認同的依據。通過賣身契，知道自己和別人拜什麼神靈、同屬於哪個宗教─信仰文化圈，以此為中心，形成宗教關係和現實關係上的差序格局。

從師公經文、歌本、儀式以及廟宇內部結構中，可以發現曹主信仰是一個跨越族群邊界的信仰。雖然其信眾主體為英德地區的客家人，但在乳源地區的瑤族同胞也營建了祭拜曹主的神廟。由此看來，至少在英德乃至粵北地區，民

間信仰不具備劃分族群邊界的指標功能。這應該是與其具有信仰混成性有重要關係。往往在神廟中，曹主娘娘都會與作為粵北少數民族共同祭拜的盤古大帝，還有代表神獸信仰的判官，代表農耕文化的一系列神祇，代表宗族的「郎」，還有代表國家象徵的土地一起祭祀。在一個神聖的空間——神廟中，曹主娘娘扮演了一個混成信仰核心神的角色。作為流動的商業移民的信仰，在商業活動中，曹主信仰融合了當地幾乎所有的信仰模式，由一個簡單的地方神轉變為地區保護神、航運保護神、家庭保護神等等，成為英德地區各個方面都能發揮作用的多功能神靈。這種多功能性以及混成性使得以曹主娘娘為中心，當地信眾結成非常密切的關係。將拜同一群神仙的村子和村民團結在一起，形成宗族聯盟或宗教聯盟組織，為捍衛地方利益、維護地方秩序發揮功效。同時，借助這種身份認同和共同的信仰寄託，為調節不同民族之間的民族關係發揮作用。

小結

從師公歌本和經文體現的儒家思想來看，筆者可以得出以下三點結論。

① 儒道兩教、瑤客族群交融的表現。據徐祖祥研究認為「儒家文化是瑤族進入封建社會後其歷史發展的社會背景，儒家思想對瑤族的影響大致有兩條途徑：一是中國歷代統治階級在瑤族地區推行以儒家文化為基礎的政治、經濟和文化政策，給瑤族文化的歷史演變打上了深深的烙印。二是道教在傳入瑤族社會之前，儒家已與道教形成相互利用的微妙關係，道教大量吸收儒家思想入其教義，在道教傳入瑤族社會後，道教中的儒家思想進而對瑤族社會產生影響。……宋代以前，儒家文化對瑤族的影響主要是通過遷入瑤區的漢族與瑤族的直接交往發生的。」〔註45〕根據筆者對英德地區的研究以及在前文有關客家主體源流的論述，該地在客家族群遷入以前，本地居民主要是瑤族，從現在英德地區的體質特徵以及到處可見的盤古信仰來看，當地客家人的文化「瑤化」較深。甚至有的客家人其實是從瑤族「漢化」而來。自客家族群遷入粵北地區，兩個族群之間長期溝通交往，瑤族道教思想和客家儒家文化相互影響，畢竟地方居住主體是瑤族，道教還是成為普遍性的信仰，但也融合了大量儒家思想。

② 在師公開展儀式中，尤其是與曹主娘娘有關的儀式活動中頌唱《曹主娘娘留念書》，通過念唱這些歌本內容達到教化信徒的目的。這樣，信徒們在

〔註45〕徐祖祥：《瑤族的宗教與社會：瑤族道教及其與雲南瑤族關係研究》，雲南人民出版社 2006 年版，第 104 頁。

煙霧繚繞的神堂中還在接受儒家主導思想潛移默化的影響或者濡化。利用信徒對神靈的膜拜，通過這種宗教教化，使村民或族人納入到既定的社會文化規範當中。

③ 地方宗族勢力在這樣的儀式中，通過曹主信仰來宣揚儒家思想，可以達到穩固地方宗法秩序，使地方社會按著既定的軌跡運行，從而獲取地方的話語權。這是掌握優勢資源的上層宗族勢力最希望看到的圖景。被地方宗族勢力所控制的民間信仰，成為了抑制叛逆行為、鞏固宗族勢力、謀取宗族利益的工具。民間信仰依靠神靈的力量將信徒緊緊包裹。而地方宗族則將民間信仰牢牢掌控在自己手中。掌控了民間信仰就掌控了地方話語權，擁有了可以無限使用的象徵資本。

綜上所述，英德地區民間信仰的根基仍屬於道教系統，正如魯迅在一九一八年致許壽裳的一封信中說：中國根底全在道教，此說近頗廣行。〔註46〕但其中混成了大量的佛教儒教、原生信仰、地方信仰的文化因子，是一種混成型的宗教信仰。「通過象徵結構，儀式不僅得以利用象徵本身的多義，乃至包含兩極相反意義在內的特性，更可以吸納外來不同的力量，以調節傳統文化與外來文化間的衝突，使儀式相較於宗教，更有其具體而獨特的機制，突顯轉型期社會的特色，使儀式與社會相互構成獨特的課題，並試圖剔除宗教儀式只是消極地再現社會而不是積極地塑造社會的理論偏見。」〔註47〕英德神廟作為儀式的空間和載體，正是顯示了混成型信仰系統的這種現實意義的機制。

在地方社會中，不同的神祇有著不同的功能和作用，同時也相應地對應著不同的地域社會以及社會群體。也就是說，國家正祀所認可的神靈則可以認為是整個民族的宗教信仰和象徵，而地方神靈則是地方的保護神，是每一個村落社會的重要組成部分，是一個小的地域社會的保護神和地域象徵，曹主娘娘可以算是英德地區的保護神和地域象徵。對於一般民眾來說，曹主娘娘有著具體的職責，她產生於地方上，並由當地人賦予神性，是作為南遷漢人中具有代表性的女性神格化的表現。她的事蹟在地方傳揚，地方上的民眾大體都知道或聽聞其來歷、事蹟以及成仙過程，曹主娘娘與英德地區和增埗社區的人們的日常生活有著緊密的聯繫。她作為地方保護神，也受到每個出生在當地的村民的敬

〔註46〕魯迅：《魯迅書信集》，人民文學出版社 1976 年版，第 365 頁。
〔註47〕黃應貴：《反景入深林：人類學的關照、理論與實踐》，商務印書館 2010 年版，第 268 頁。

崇祭拜。曹主娘娘作為地方保護神，將整個地區中分散的個體和家庭以超自然
的力量連接在一起，村民們通過對本地區共同地方神的崇拜，整合為一個整
體。

曹主娘娘神誕不僅是一次神誕會，也是各地信眾們一次聚會、交流情感、
交換信息的機會。神誕會連接著雙方的情感，寄託著中國人團圓的念想。這是
一次團圓，是孤獨的老年人難得的歡愉與暢聊，是屬於老年人的世界。每個信
徒拜神時臉上浮滿笑容。有的人不遠百里趕過來，虔誠中更覺得是需要，信徒
上香時可與師公同唱同跳。師公作為神聖世界的代表，與信徒交流無際。這是
神聖與世俗的交融，是神聖世界向世俗世界平衡，也是世俗世界往神聖世界靠
攏。整個儀式充斥著融洽，溫馨，歡快的氣氛，神在微笑的俯視信徒，信徒微
笑的叩拜神靈，呈現出一種交融的狀態。神靈借助師公降臨到凡間，信徒的意
願通過師公奏送到神靈。這種上與下，神與人，神聖與世俗，天與地的交融，
正體現著維克多‧特納所說的「反結構」狀態。在平時，這些年老信徒們處在
壓抑的、等級分明的現實狀態，在敬神燒香中，她們得到了精神上的解脫。在
這個神聖世界裏，只有信徒和信徒所信仰的神靈存在，而且信徒相信通過虔誠
的叩拜神靈會實現自己的願望，也許這是宗教與信仰在現今社會復興的原因
之一。如今，可能在民間宗教上，更多具有世俗性的色彩，神性的光輝更多讓
位於人性的需求。但神靈和信仰的功能卻不會消失。

回顧宗教研究的歷史，繆勒、泰勒、弗雷澤威廉‧施密特、涂爾幹、韋伯、
馬林諾夫斯基、威廉‧詹姆士、魯道夫‧奧托、弗洛伊德、彌爾頓‧英格、等
人，從各自專業的角度對宗教的本質和宗教的定義和宗教包含的因素進行過
探討。呂大吉在前人的基礎上給宗教作出一個相當精當的定義：「宗教是關於
超人間、超自然力量的一種社會意識，以及因此而對之表示信仰和崇拜的行
為，是綜合這種意識和行為並使之規範化、體制化的社會文化體系。」〔註48〕
他還認為這個論斷以定義的形式直接把宗教規定為由宗教觀念、宗教體驗、宗
教行為、宗教體制四要素邏輯構成的社會文化體系。而且宗教體系還通過這些
要素邏輯構成的社會文化體系與其他社會文化形式發生相互滲透、互為因果
的作用和關係。〔註49〕

〔註48〕呂大吉主編：《宗教學通論新編》，中國社會科學出版社 2000 年版，第 77 頁。
〔註49〕呂大吉、牟鍾鑒：《中國宗教與中國文化（第一卷）：概說中國宗教與傳統文
　　　　化》，中國社會科學出版社 2005 年版，第 44 頁。

在以前曹主娘娘神誕日是英德地區非常重要的活動。通過舉行神誕，地方廟宇成為地方的權威中心，在國家力量沒有到達之前承擔了管理地方事務、調解地方衝突、引領地方輿論、建構地方文化的功能。然而，儘管自 80 年代以後，曹主信仰由以前的萎縮狀態開始復興起來，但這種復興只是表面上的。因為去拜神的都是 50 歲以上的老人家，年輕人幾乎不去去拜神。一種文化，如果沒有年輕一代的繼承與發揚，其前景必定是暗淡的。筆者認為，中國民間信仰缺乏制度性宗教的機制要素，中國的民間信仰需要建立起自身的機制。曹主信仰表面上在復興，實際上在衰微的原因就在於缺乏一種內在的機制，缺乏一種約束或迫使民眾信仰的力量。由於缺乏這種機制，導致民眾：一，對神靈的態度變成可信可不信，隨意性強；二，缺乏外在或內在的約束力量，在加上國家一直以來對無神論的宣揚，年輕一代已經不太拜神；三，民間信仰鄉土性太濃，所謂「難登大雅之堂」，無法成為信眾身份和地位的象徵，缺乏上流階層的信眾，在國家層面就缺乏話語權，政府、權力階層和主流精英漠視；四，地方民間信仰缺乏組織性，就算有拜神組一類的組織也十分鬆散；五，全中國快速的城鎮化步伐，是一個消滅鄉土的過程，進一步導致民間信仰缺乏發展的土壤；七，最根本的是土地所有制的變化，導致傳統宗族的消失，進而使得祠堂、村廟功能的弱化。

正如向柏松所言：「中國民間俗神信仰是為滿足世俗生活的要求而產生並傳承的，所以有著較強的生命力。但是，時至今日，幾經社會變革的巨大震盪和新文化的猛烈沖刷，俗神信仰也發生了一系列質的嬗變，作為完整的本意上的俗神信仰已經不復存在，流傳下來的僅僅只是這種古老文化的碎片，即分裂成為多種類型的俗神信仰的文化遺存。」〔註50〕儘管筆者不太贊成其「遺存」的提法，但他暗示了中國民間信仰消亡的危機時時存在。對此，我們應多加搜集、整理和研究，以便保存這種古老的宗教信仰文化，以示來者。〔註51〕

田野考察實錄：澳門哪吒信仰

2016 年春節前，我到香港和澳門訪問，順帶去看了香港赤柱天后古廟（1767 年建）、水邊古廟、大王廟，澳門媽閣廟（又名媽祖廟、天后宮，1488 或 1605 年建）、哪吒廟（大三巴側）和大三巴天主教堂遺址。

〔註50〕向柏松：《神話與民間信仰研究》，人民出版社 2010 年版，第 216 頁。
〔註51〕本田野考察實錄由項目組成員、中山大學人類學系博士研究生黃韌調查撰寫。

　　媽祖或天后崇拜在華南地區十分流行，在港澳地區亦有相似的表現。引起我注意的是澳門大三巴天主教堂遺址側面的哪吒廟。

　　由於大三巴天主教堂遺址是訪澳遊客必到的打卡地，所以特別熱鬧。但一般遊客參觀了大三巴天主教堂遺址博物館，在那面孤獨而立的教堂門面拍照留念後，大多即轉移他處，很少有人會注意教堂側面小坡上這個不起眼的小廟。

　　偏居於舊城牆邊的哪吒廟的確很小。它緊挨著城門洞，只有一個大約 4 米寬的門廊，兩根石柱支撐起綠色琉璃瓦的屋簷，三面用黑色木柵欄圍繞。屋頂為傳統硬山式，正脊高 5 米，有華南寺廟常見的鰲魚和寶珠，垂脊呈飛簷狀，裝飾簡樸。正殿入口門廳石柱刻聯：「何者是前身漫向太虛尋自我；吾神原真道敢生多事感斯民」，門額書「保民是賴」。進入這個沒有天井的兩進式建築，直接就到了殿堂。正殿門額紅底黑字，書「哪吒廟」三個大字。門聯也是紅底黑字，書「乾坤圈鎮妖邪滅，風火輪添澤國安」。雖是傳統的中式廟宇，但其逼仄程度也是少見的，可見澳門寸土寸金的情形。

　　正殿供奉的「哪吒太子」像，掩沒在層層疊疊的帳幕中。作為降龍高手，哪吒也被視為鎮海之神，沿海的澳門祀他理所當然。我感興趣的是它怎麼會在那個強勢的教堂旁邊立足？有一塊說明牌，簡要介紹了建廟的緣由：「十九世紀後半期，澳門地區流行疫症，嚴重威脅著當地居民的生命安全。華葡民眾束手無策。後有居民稱哪吒託夢顯靈，喚大家汲取山上溪水加草藥服用，疫症果然平愈。為表達謝忱，並祈求神祇永久庇佑，當地居民遂於 1888 年，建造了這座哪吒廟。2005 年，該廟宇作為澳門歷史城區一部分，列入聯合國『世界文化遺產名單。』」傳說，十七世紀時，澳門發生了一個大瘟疫，死了很多人，而柿山一帶卻沒有受到多大影響。大三巴附近的坊眾認為，這是因為柿山有哪吒廟保護的緣故，於是擬請柿山區的哪吒神來大三巴，建廟奉祀壓邪。經過多番交涉，始得暫借柿山哪吒廟的哪吒神像，使疫情得到控制。另說是洽談無果，哪吒託夢顯靈讓大家取山水加草藥服用，平愈疫症。

　　在擁擠的觀光人流中，這個小廟很少人光顧。但廟裏展示的文物中，有一些木刻雕版值得研究。其中，用黑色印製的是「永保平安」符和「哪吒太子靈簽」；一塊刻有「鎮宅哪吒」字樣及哪吒像的雕版，應是類似「紙馬」的雕版木刻符像。它以紅色印製，當為民間信奉的正神。如今，它靜靜地躺在寺廟的玻璃櫃裏，成為供遊客參觀的文物。詢問管理人員關於它們如何使用的故事，

也都茫然不知。只說每年農曆五月十八日，哪吒聖誕日，會舉行哪吒出遊活動。大三巴一帶的坊眾把哪吒神像請到一頂金色轎鑾中，沿澳門的主要街道巡遊，做祈福法會，演神功戲，放花炮，舉行街宴「吃盆菜」，持續一個星期。可以想像，在過去，沾滿墨汁和紅色顏料的「永保平安」符、「哪吒太子靈簽」和「鎮宅哪吒」雕版木刻符像，應該也是哪吒聖誕和香客們在儀式中需要使用的法物之一。

後來，我讓研究澳門宗教藝術遺產的學生關注此事。她在哪吒聖誕日到澳門柿山哪吒廟考察，帶回了一個「柿山哪吒」香包，內裝有辛味的中草藥，有辟邪驅瘟的功效。「哪吒」和中草藥香包，正體現了民間「神藥兩解」的信仰。

澳門大三巴老城牆邊的哪吒廟。2016，鄧啟耀攝

從哪吒廟看大三巴天主教堂遺址。2016，鄧啟耀攝

哪吒廟中陳列的「永保平安」和「哪吒鎮宅」木刻雕版。

二、佛教諸佛菩薩

　　佛教傳入中國的渠道比較複雜，一般而言，大致有三個路徑。在佛教造像起源時期，古印度北部的犍陀羅（Gandhāra）、中部的秣菟羅（Mathurā）與南部的阿瑪拉瓦蒂（Amarāvatī），同列為佛像的三大起源點，並分別經北部西域絲路、南部滇緬道、海上之路三大主線，對中國形成了全方位影響，構成了中國佛教文化的主脈。〔註52〕雖然佛教藝術傳播衍化路徑，由於時空錯雜，常常呈現交叉疊合的複雜狀態，但與這三大主脈的地理位置和習慣走向，還是大致對應的。佛教傳入中國，經過不同的在地化，形成不同系統。按地域、語言或信仰族群，主要有漢傳佛教、藏傳佛教、南傳上座部佛教三大系統。這些系統中又分為不同宗派，如漢傳佛教的天台宗、三論宗、唯識宗、華嚴宗、律宗、真言宗、禪宗、淨土宗等，藏傳佛教的格魯派、寧瑪派、噶舉派、薩伽派等。在一些幾大文化板塊交匯的邊緣地區，佛教傳入時與當代巫教或民間信仰結合，帶上了濃厚的區域和族群特色，如雲南大理地區的「阿吒力教」（又稱「白密」或「滇密」）。有些地方甚至把佛教菩薩、天王等奉為本主。大理地區流行甚廣的儀式用雕版木刻，亦融合了這些內容。

　　在這些地方，民間舉行各種法事活動的時候，也往往是各教並存的。民間一年需要做的法會或儀式，佛、道和民間信仰項目都排在一起；主持者和參加的信眾，也是各方各路，不問釋道，來了就拜；所請神佛，則是諸神（佛）雜糅，神鬼都有。

　　筆者曾帶學生採訪雲南巍山彝族回族自治縣巡檢村一起做法事的幾位「先生」。在巍山，走鄉串村做法事的，一般是道教正一派的「先生」，但其中一位約60歲的段姓「先生」，卻稱自己屬於「釋迦派」，他說：「我是跟我爹學的，我爹又是跟老祖學的。老祖不識字，就會念經。老祖叫我爹讀書，他讀了書回來當中學老師。我爹傳給我：『敬天地，守國法，士庶之本；奉祖先，孝雙親，後裔切責。』文革打棒棒架（武鬥），我爹死了。我還不得法，只會整整水，看看米，應對不開，就拜夏宗禹為師。夏先生現在80多歲了，帶出來三個徒弟。教派我們屬於釋迦，和他們用語的道家不一樣。但我們都合用三教同源的經書，一起做三合道場，談洞經。俗話說：『仙地不如心地』，心中有佛，

〔註52〕趙玲：《論古印度佛像的海上傳播之路》。見中國佛教協會、廣東省佛教協會主辦「中國佛教與海上絲綢之路學術研討會」交流論文，2015年，廣東。

怎麼做就隨緣隨份了。」〔註53〕

　　段先生說的事，至少在中國南方比較普遍，說明佛教在中國化、在地化的過程中，已經融入了當地的許多文化元素；民間從事宗教職業的人和信眾，也並不嚴格按照各教經籍和崇奉神佛來行事。儒釋道三教同源或三教合一，在民間是常態。這種觀念也體現在儀式用雕版木刻的製作和使用上。比如下圖的「地藏王菩薩之神」，「之神」二字純屬多餘，但正是這個多餘，反映出大理人把佛教菩薩與「神」同構的觀念；再如這個「平安符」，上部分是道教式符咒畫法，下面的圖像刻印的是佛祖；還有昆明至果道人手繪的「觀音水」符，其咒詞明白說明是「道教弟子」所用，用語也是道教式的。

　　佛

三世佛。雲南昆明

平安符上的
佛。廣東廣州

釋迦文佛

彌勒尊佛。雲南大理

〔註53〕訪談對象：段紹堂，訪談地點：雲南省巍山彝族回族自治縣巡檢村，訪談時間：2001 年 7 月 18 日，訪談人：中山大學人類學系田野考察小組。

菩薩

普賢菩薩。清代，北京　文殊菩薩。清代，北京〔註54〕

四大天王

佛教護法四大金剛：東方持國天王、南方增長天王、西方廣目天王、北方多聞天王，立地、水、火、風之相，掌風調雨順之權。

四大天王。北京，民國〔註55〕

天王

北方天王即佛教護法四大金剛之一的北方多聞天王。雲南大理、鶴慶、洱源、劍川、麗江等地都奉其為本主，單獨祭拜或與大黑天神一起護法。

〔註54〕兩圖引自蕭沉博客：《俗神》（圖為日本人 20 世紀初收藏）http://xiaochcn.blshe.
com/post/78/503808，2010,2,11。

〔註55〕本圖採自美國哥倫比亞大學史帶東亞圖書館編：《美國哥倫比亞大學史帶東亞
圖書館藏門神紙馬圖錄》，中華書局 2018 年版，第 9 頁。

北方天王。雲南大理等地　　北方天王。雲南大理等地

韋陀天將

佛教護法神，一般立像於寺院屏門後。

韋陀天將。雲南玉溪〔註56〕

1. 觀音

　　民間拜觀音的不少，無論信佛信道，觀音都是信的。在雲南的一些道教寺廟宮觀裏，道教的老君和佛教的觀音，經常同列一殿。民間凡初一十五、過年過節，或是2月19、6月19、9月19，和觀音有關的日子，都要燒這個紙符祭獻；平時做任何「好事」（當地人叫儀式為「好事」），也要隨時燒，燒了求個清吉平安。這和雲南大理地區流行的觀音信仰十分相似。但奇怪的是，大理附近的巍山人認為此神是「之拉」（當地村語，意為「毛頭」，辦事不行），屬

〔註56〕 本圖取自趙寅松、楊郁生主編：《中國木版年畫集成·雲南甲馬卷》（集成總主編馮驥才），中華書局2007年版，第149頁。

下三教（下下教），只能在山上小廟裏供。這或許是由於部分信奉道教的人對佛教神靈的一種態度吧。不過，在巍山，關於觀音的傳說也有很多，而且都是正面形象。

觀音老祖

在巍山民間儀式中，也會出現少量佛教神靈，但它們的位置有些特別。人們描述「觀音老祖是三姐妹，大姐騎青獅，二姐騎白象，小妹坐在蓮花上」，平時做任何「好事」（當地人叫儀式為「好事」），也要隨時燒，燒了求個清吉平安。但「觀音老祖」碼子並沒有描繪出她們的坐騎，手中的法器也變成了武器。另外，雲南巍山有的「觀音老祖」碼子，刻畫的卻是有長鬍鬚的老者形象，這倒是觀音最初的樣子。這和大理地區流行的觀音信仰十分相似。

官（觀）音老祖。雲南巍山　　　觀音老祖。雲南巍山　　　觀音老祖。雲南大理

觀音菩薩

雲南芒市地區傣族、德昂族信仰南傳上座部佛教，昆明、保山部分漢族信仰漢傳佛教，女性化的觀音菩薩，與信仰藏傳佛教密宗「阿吒力教」的白族心目中的觀音不太一樣。

觀音菩薩。雲南芒市　　　觀音菩薩。雲南保山　　　保送觀音、南海觀音和
　　　　　　　　　　　　　　　　　　　　　　　　　　　紫竹觀音。雲南昆明

觀世音菩薩。清末，北京〔註57〕

圓通教主，觀音大士

大理白族齋奶認為，圓通教主是觀音的上級，拜她要在寺廟殿裏燒。

圓通教主，觀音大士。
雲南大理

圓通教主，觀音大士。
雲南大理

圓通教主，觀音大士。
雲南大理

救苦觀音、善財童子

救苦觀音。雲南保山

〔註57〕引自蕭沉博客：《俗神》（圖為日本人 20 世紀初收藏）http://xiaochen.blshe.
com/post/78/503808，2010,2,11。

拜觀音套符

　　拜觀音套符由拜觀音、觀音經、平安符、大悲咒、觀音金、三天賜福轉運降鴻寶牒、福祿壽等紙符組成。其組合方式，以祈願為主，而不論教派。

拜觀音套符：拜
觀音

拜觀音套符：觀音經

拜觀音套符：
平安符

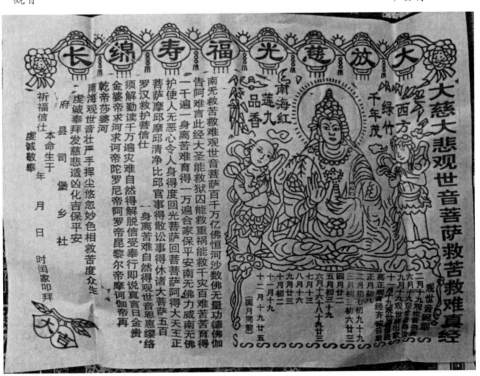
拜觀音套符：大放慈光福壽延長。廣東廣州

拜觀音套符：大悲咒　　拜觀音套符：觀音金　　　蓮花金。廣東連州

拜觀音套符：三天賜福轉運降鴻寶牒、福祿壽。廣東廣州，2017

觀音水符

「觀音水」符籙咒詞，說明是「道教弟子」所用，用語也是道教式的。

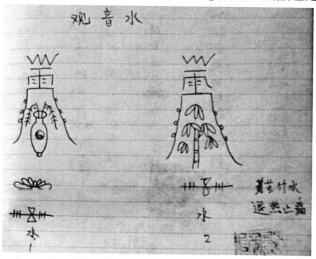

道人手繪的「觀音水」符籙。雲南昆明至果道人提供

「觀音水」符籙咒詞。雲南昆明至果道人提供

田野考察實錄：雲南大理白族觀音會

大理白族三月街的原型是「觀音節」，在古代原是一個佛教講經的廟會。據說已有一千多年歷史了。民間傳說，觀音菩薩是在農曆三月十五日這一天來到大理的。當時，大理地區有個名叫羅剎的妖怪，鳥頭長翅，在海裏興風作浪，危害鄉里。他愛吃人眼，每天要吃幾十雙人的眼睛。觀音變成梵僧下凡，巧用螺螄作人眼，騙過了羅剎。後來又與羅剎打賭，將大理地方贏到觀音手中，並將作惡的羅剎埋進山裏。為紀念這一勝利，人們每到觀音下凡大理的這一天，就要聚集在傳說中觀音與羅剎鬥法的場地，聽講佛經、跳起歌舞，相沿成習，演變為大理地區最隆重的節日。三塔是每年舉行白族「三月街」盛會的主要地點，至今有文字記載的歷史有 400 餘年了。關於三月街的起源，據白族佛教故事集《白國因由》記述：隋末唐初，惡魔羅剎久據大理，人民深受其害。唐貞觀年間，從西天來的觀音終於制服了羅剎，使百姓各安其業。自是「年年三月十五，眾皆聚集，以蔬菜祭之，名曰祭觀音處。後人於此交易，傳為祭觀音街，即今之三月街也。」三月街的這種佛教廟會色彩，一直保留到了清末民初。由於大理的地理位置，是貫通中土和天竺的要衝。人們借每年三月十五日，在「蒼山下貿易各省貨」。大理乾隆舉人師範有詩曰：「烏綾帕子鳳頭鞋，結隊相攜趕月街。觀音石畔燒香去，元祖碑前買貨來。」描寫的就是當時盛裝的白族婦女結伴相遇，在元世祖平雲南碑附近的三月街上易物購貨的情景。

觀音節變成三月街，是後來的事。

大理洱海島上的小普陀寺，觀音會常在這裡舉辦。　雲南省大理白族自治州，1998，
筆者攝

大理洱海東岸的觀音會。　雲南省大理白族自治州，1998，筆者攝

田野考察實錄：雲南巍山觀音成道日

　　雲南巍山圓覺寺（大寺）是縣城南詔鎮最大的佛教寺廟，也是巍山縣佛教協會所在地。由於常駐僧人僅兩人，常駐居士約四人左右，規模較小；且交通不便，不通公路，信眾又以中老年人居多，經常上山做會的客觀條件受限；只操辦諸如觀音會等重大節日。另外由於佛教、道教融合較為明顯，也會受到道教影響，和道教同過三月十五日財神節、臘月二十四日灶君奏事節等。

　　佛教傳說 6 月 19 日是妙善公主成道證果之日，現千手千眼觀音菩薩相，於是後人便把這一天定為觀音出道日。對於圓覺寺及附近信徒來說，這一天是非常重要的盛會。附近較小的佛教寺院（如大李清園、巍寶山的觀音殿）為了趕圓覺寺這一天的觀音會，把自己寺院的觀音成道法事活動提前一天舉行，以便信佛的村民可以在第二天的正日子去到圓覺寺參加觀音會。農曆六月十九前兩天就有居士、信眾託圓覺寺住持仁智法師供養觀音，如玄珠寺的居士特意上山交 100 元供養錢給法師，託其買水果、錢紙幫忙敬佛。這一天早上 8 點 30 左右就陸續有信眾來到了大寺，帶上百合花、香油、供果等。（平日裏較少有人來大寺，來的也多半是「逛公園」性質的觀光遊客。）大多數人是從縣城上來的，走路約 40 分鐘；也有從大李清園（即當地人口中的後面山上）下來的。9 點左右當家師父將蓮花狀的唱佛機插入大殿前廣場插高香處，開始循環

播放一整天，營造出佛殿的莊嚴肅穆感。信眾進寺都較為恭敬，有一位女士手持百合花本來徑直走了進來，突然想起自己忘記了鞠躬，又退後幾步到香爐附近拜了拜再走向大殿（真如殿）。

　　除了常規的法事活動，隨著新媒體的發展，佛教徒的微信朋友圈的傳播同樣凸顯著節日的氣氛。這一天他們的朋友圈內容均是觀音菩薩相關內容：有抄錄《觀音菩薩普門品》段落的，有轉發成道傳說故事的，也有配圖觀音畫像再配以大慈大悲等文字的。但是熱情轉發的信徒也不一定都會上山來參加佛事活動。這似乎就是一種身份的彰顯，表現出「我」是這個群體中的人，我在關心著這個事情。但實際上的具體行為還是依循日常軌跡，該幹什麼幹什麼。

　　兩位男居士在天王殿與大殿中的廣場右側擺放桌椅，負責在此寫供表、記錄功德。他們說今天是來當義工的，前一天也在巍寶山觀音殿幫忙做會。上殿拜佛的信眾均會經過此處，大多會前來供表或掛功德（書面語「寫緣」）。共有兩類疏文，用桃紅色或黃色紙做底，分別是《求學疏文》和《清吉消災疏文》。主體內容已打印好，負責供表的居士手寫上日期（佛曆 2559 年六月十九）、供表人的家庭住址。再把疏文折疊好放進紅色的「表」中，在表上面寫上所求佛的殿址，如求學的就寫文昌宮中，求觀音的就寫紫竹林中；再在其下寫上當家法師之名「釋仁智呈進」。整個一套包括一份疏文、一副表、四份金銀錢紙（五張為一份）、四份錁子（金銀元寶）、九根香；共花費十元錢。所有這些放進一個錁盤，可幾家人共用一個錁盤，再將錁盤用雙手托舉到頭頂恭敬地放入所求佛殿內安放。如求觀音的供在觀音殿內。待今日所有法事活動進行之後，再從殿內請出放入火爐焚燒。至此，整個供表儀式方為結束。值得注意的是，並非所有人都是來此寫表，然後燒。有一部分是自己將寫好的錁帶來燒，而且都為道家的表，上面有八卦圖案。當我詢問此事時，信佛的居士以「他們不懂」做解釋，但也並未覺得大不妥，似乎已習以為常。攜道家表來燒的人家則表示這些「無所謂，只要心誠就可以；反正是求財求平安，都是一樣的」。有的是請村子的先生寫好帶上來，還有的自己家就有道家先生，「會寫表」，因此就在家寫好了在今日帶來圓覺寺燒。從這一細節可以側面反應出巍山此地佛道融合的現象非常普遍。刻意地區分似乎只存在於學術界和宗教人士內部，而對於普通百姓來說，並不會嚴格區分；比如在我參加過的佛家老居士出殯儀式中，所有儀式按佛教儀式來操辦，但是會把太上老君抬出來走進出殯隊伍中；再如玄珠寺嚴格來說是道教寺廟，但是也同樣有觀音殿，且由佛教協會統一管理，駐

寺的居士也都是佛教徒；巍寶山作為著名道教聖地，也有觀音殿，並由道教協會管理。

上午的活動中，兩位男居士在大殿前廣場負責供表和功德。旁邊有三位從大李清園來的彝族奶奶在柏樹下負責折殼子、分錢紙。其餘女性除了正在為自家供表的，都在齋房準備中午約二三十人的齋飯（洗雞樅菌、炒菜、煮飯）。另有三五男性在大殿南面廂房旁的係風亭前閒聊。仁智法師在他的客廳中用毛筆書寫紅底黑字的各位求福消災人士的名字，將供在大殿右側延生牌位上。不時有一兩位信徒被叫來小客廳寫名字。整個活動中可以看出性別、民族、神俗之間還是有一定區隔。

一切準備工作就緒後，10 點 50 分左右法師和居士上殿誦經。一位居士敲鐘三聲，所有居士開始到大殿門口左右側進行準備。先穿海青，而後將縵衣頂在頭上，雙手合十恭敬禮拜後穿好縵衣。待仁智法師進殿後，依次入殿。整場法事活動中，法師與居士的所持法器如下：

法師：引磬、板

居士 4：鐺子、鉿子

居士 10：鼓、鈴鐸

居士 13：木魚

按照常理，觀音會應當誦唱的應為《觀音菩薩普門品》，但是由於居士多為文化程度不高的中老年女性，能夠熟練掌握的經文並不多，所以包括本次的誦經活動在內圓覺寺誦唱的都是《藥師經》。

觀音會前夕，縣城一家人有親人發生車禍，請求上山為其做會求福渡劫；因此仁智法師特意安排他們參與今日的法事活動。法事活動照常進行，途中法師手持一小瓶清水裝有柏樹枝葉，並向在場的居士、信眾灑水賜福。

與此同時，另兩位居士開始供齋。按照大殿、韋馱殿、彌勒殿、觀音殿、地藏殿的順序進行。供齋時，需將盛供菜的小碗依次舉過頭頂，再恭敬端放於佛像面前。大殿的法師和居士於供齋完畢後的 11 點 20 分左右從大殿出依次來到韋馱、彌勒、觀音、地藏這幾個殿禮佛誦經，然後再到大殿延生牌位處，最後回到正殿。至此，上午的誦經活動到此結束。出入大殿皆不從正門，而是從旁邊的兩道門出入。因為正門是供神出入的，人必須從旁門出入。法事活動結束後收供菜，全體人員前往齋堂（五觀堂）吃飯。中間有一小插曲，四位女居士在南院廂房門口擺了一桌麻將。仁智法師見狀後，並未阻止，只是要求她

們不要在此過道處，讓她們移去沒有人的北院。小寺專門有打麻將的房間，並提供麻將、茶水，儼然休閒娛樂好去處。大寺平日沒這種現象，今日人多，飯前飯後閒來無事，幾人玩樂，她們也並未覺得不妥或不莊嚴。

下午 1 點 30 分開始在大殿拜唱，一共進行了三場，同樣也是唱《藥師經》。不同的是上午只是念誦，下午則是唱經。聽起來像是分聲部的。由於是星期一，還有人回去上班，下午信眾明顯少了一些，大殿唱誦的加入了幾位男性居士。有信眾托舉著表站了 20 分鐘，再拿去觀音殿供。全部誦經活動完畢後，16 點 20 分左右法師將延生牌位上寫有名字的紅紙取下，送到大殿廣場火爐處焚燒。最後回到大殿，整天的觀音會結束。由於昆明有一位老居士去世，仁智在活動結束後就驅車前往昆明為她舉行超度儀式。其他居士、信眾也在晚飯後紛紛離去。〔註58〕

大殿前掛功德、寫供表。在佛寺所燒的道家表。雲南巍山彝族回族自治縣，陳達理攝

仁智師父在延生牌位上加名字、誦經。雲南巍山彝族回族自治縣，2015，陳達理攝

〔註58〕本田野筆記為項目組成員、中山大學社會學與人類學學院碩士研究生陳達理調查撰寫。

誦經場景。雲南巍山，2015，陳達理攝　　　供齋。雲南巍山，2015，陳達理攝

在韋馱殿前誦經。雲南巍山，2015，陳達　　　燒表。雲南巍山，2015，陳達理攝
理攝

田野考察實錄：廣東順德拜觀音

2016 年 3 月 3 日（農曆正月二十五日）下午，我帶學生〔註59〕到廣東省佛山市順德區勒流連杜參加萬人生菜會（另述）。當地人認為，生菜會和觀音信仰有很大的關係，順德人最大的信仰就是觀音，所以一定要在觀音廟的附近舉行。在宴席開始之前，人們都要到旁邊的觀音廟和供奉道教真武北帝的玉虛宮焚香燒紙符拜祭。

〔註59〕考察領隊鄧啟耀，參與考察者為中山大學傳播與設計學院學生十餘人。

在觀音寺焚香拜祭的村民。廣東佛山順德，2016，鄧啟耀攝

將拜過觀音的紙符紙錢焚燒。廣東佛山順德，2016，鄧啟耀攝

準備拜觀音的紙符紙錢。廣東佛山順德，2016，鄧啟耀攝

祿馬紙　　　　　　　貴人紙　　　　　祿馬紙。廣東佛山順德，2016，
　　　　　　　　　　　　　　　　　　鄧啟耀攝

2. 藏傳佛教

　　藏傳佛教常用的雕版木刻作品，以「風馬」（藏語為「隆達」，「隆」意為「風」，「達」意為「馬」）為多。這是一種印在不同顏色布片或紙上的雕版木刻作品，主要內容是寶馬馱八寶、經咒等。在信仰藏傳佛教的地區，凡神山聖湖、寺廟、塔壇、山口、民居門頭，都會懸掛「風馬」。如遇轉山、法會等祭祀活動，還會飛撒很多火柴盒大小的「隆達」，讓它們如雪花漫天飛揚。在一些地方，如信仰佛教密宗「阿吒力教」的雲南大理白族，也有單幅的佛菩薩和護法，如觀音、大黑天神等。同樣，在佛教道教共存的地區，融合了法輪、佛教寶器、陰陽八卦、十二生肖等符號為一體的風馬旗，是一種跨信仰融合的作品。

風馬旗

　　風馬旗因主要用於戶外懸掛，要經受風吹雨淋，所以基本用布印製。

摩梭人家門前印有木刻圖像和經文的「風馬旗」。雲南寧蒗，2015，鄧啟耀攝

藏傳佛教寺院的「風馬旗」。內蒙古，2009，鄧啟耀攝

藏傳佛教寺院中長壽佛塔上的「風馬旗」。內蒙古，2009，鄧啟耀攝

藏傳佛教寺院中馱寶駿馬身上披滿「風馬旗」。內蒙古，2009，鄧啟耀攝

山口的風馬旗。青海，2006，鄧啟耀攝　　山口的風馬旗。青海，2006，鄧啟耀攝

山口的風馬旗。青海，2006，鄧啟耀攝　　山口的風馬旗。青海，2006，鄧啟耀攝

藏傳佛教寺院轉經筒旁邊懸掛的木刻
佛像。青海黃南，2006，鄧啟耀攝　　　　　菩薩。內蒙古

風馬旗主要圖樣。內蒙古，2009，筆者攝

紙馬「隆達」

　　「隆達」雖然也是風馬旗的稱呼，但外界習慣把祭山時撒的小型紙符稱為
「隆達」。另外，在室內或屋簷下，也會貼紙印圖符。而在雲南部分信仰藏傳
佛教的地區，紙馬的使用也和當地其他民族一樣。

藏傳佛教寺院門楣上的木刻佛塔佛像及經咒。青海黃南，2006，鄧啟耀攝

拋撒隆達祈福。四川甘孜格聶神山，2019，李旭攝

「隆達」紙符。雲南寧蒗　　　　　　　「隆達」紙符。雲南寧蒗

「隆達」紙符。青海省黃南　　　　　　　「隆達」紙符。青海省黃南

「隆達」紙符。青海省黃南　　　　　　　「隆達」紙符。青海省黃南

眼光活佛

眼光活佛。雲南大理

田野考察實錄：青海藏族熱貢六月會

2006 年 7 月，在藏族學生的陪同下，我到了青海省黃南藏族自治州同仁縣，趕上著名的熱貢六月會。青海的熱貢六月會是藏傳佛教節日，每年農曆六月十七日至六月二十五日之間舉行，此時青藏高原陽光燦爛、牧草肥美、莊稼長勢正好。熱貢六月會的具體時間各村莊不一樣，以便相互錯開互相邀請觀賞。據當地網頁介紹，熱貢六月會已流傳幾百年（一說一千四百年），其祭神方式在全藏區比較獨特。這一帶舉辦六月會活動的村莊，多達五十多個。一般是先在隆務鎮四合吉村拉開序幕，然後在隆務河流域的幾十個藏族、土族村莊相繼展開。各村祭祀活動的天數不同，長則 5 天，短則 2 天。凡舉辦六月會祭祀的村莊都有一座神廟，廟內供奉著本村和本地區的保護神。熱貢六月會的淵源有三種相關的傳說。1. 很久以前，同仁地區有許多猛獸危害人類，後有大鵬鳥自印度飛來，降服了這些毒蛇猛獸，藏語把大鵬鳥叫做「夏瓊」，為了供奉夏瓊神，也為了保佑風調雨順，五穀豐登，沿隆務河兩岸 12 公里內的藏族、土族村莊都會進行盛大的祭祀活動，由村裏的法師帶領供奉著夏瓊神的神轎，進村做法事，大家載歌載舞，場面非常壯觀。2. 在藏王松贊干布和赤松德贊時期，唐朝和吐蕃在今同仁與夏河交界的甘家等地對峙，時有征戰。後來雙方高僧從中調和，雙方終於停戰，歸於和平。吐蕃軍隊為慶賀和平的到來，便在此地跳起軍舞──「莫合則」。為了表示今後不再打仗，表演者們向當地的諸守護神叩拜，隆重祭祀，臨結束時將手中的軍棍──折斷。後來再表演時，就把軍棍當作道具保存下來，不再折斷了。那些吐蕃軍隊後來在同仁落戶，把軍舞也帶到了這裡，世代相沿至今。老人還說，當初軍舞跳得正熱烈時，從駐地的達加央措裏出來了兩條龍，一個頭似虎，一個頭似豹，和跳舞的人們一起歡樂，它們跳的舞就是龍舞──「勒什則」。2. 元末明初時，元朝一支蒙漢混編的軍隊在隆務河谷接受了明朝的招安並在當地解甲務農。為了慶祝和平安寧，他們舉行了隆重的祭典活動，祈求消災去難人壽糧豐。

我去的地方是隆務鎮四合吉村，當地村民定於農曆六月十六至十九日在四合吉村廟舉行六月會。這是一個在神廟中而不是在佛寺中舉行的山神祭會。我們先去拜訪四合吉村廟的管村廟的索南達傑扒藏族泥塑師夏吾角先生，他們帶我們參觀村廟。四合吉村廟大殿裏的主神即傳說中從印度飛來降服毒蛇猛獸的大鵬鳥夏瓊山神。他正對寺門而立，紅臉。他的左邊是妻子、兒子和大臣，右邊是二郎神。這些神像都是夏吾角帶徒弟們做的。連畫帶做，七八人幹

了一年。神像用紅土和棉花混合砸泥塑形，用骨膠調和礦物顏料上色。塑像做成空心的，背後留孔。完成之後，要請喇嘛裝髒，不同部位裝不同的經書和五色糧食。主神由隆務寺寺主夏日倉活佛親自裝，其他神可以讓別的喇嘛裝。

　　我們再去四合吉村廟，廟門已經鎖了，遙聽有鑼鼓聲，這是六月會開始前的重要儀式，各村相互進行的禮儀性拜訪表演。領頭的叫「拉哇」（神人、法師），他需要在幾天前到寺院接受活佛的洗禮，誦經祈禱，保持身體潔淨，不接觸女性。他帶領數十人的舞隊到鄰村拜訪道賀。他們所到之處，鄰村村民全部出村迎送，茶飯招待，雙方舞隊在各自法師帶領下表演，互相切磋，共同娛神。

　　一出門就見滿眼的藏族盛裝。男女老少穿得光光鮮鮮往一個方向走，不用問，他們都是去四合吉村廟的。隨人流來到村廟，但聽鼓號齊鳴。村民列隊到山上煨桑，祭祀山神，迎請山神到村裏做客，保佑全村吉祥平安。祭畢，大隊人馬回廟，舉行廟祭儀式。

　　廟祭的主持是村中長者和法師。參祭者主要是所有男子和未婚少女。男子清一色頭戴白色或紅色高筒氊帽，腰佩藏刀，內穿白衣，外套楚巴。楚巴或褪下一袖，顯得英姿颯爽，或褪下兩袖，繫在腰間，乾淨利落。少女們頭梳多縷髮辮，身穿藏袍，頭上身上飾滿黃蠟石、綠松石、紅珊瑚和各種金屬飾品，在人群中格外搶眼。老人們則安安靜靜坐在一邊，笑眯眯地看年輕人忙來忙去。

　　法師在神廟裏對夏瓊山神、二郎神等誦經祭拜後，法會跳神表演開始。跳神舞蹈主要有神舞（「拉什則」）、龍舞（「勒什則」）和軍舞（「莫合則」）三大類。神舞由健壯的青年男子執鼓表演，少女配合，一剛一柔，極其壯觀。龍舞的舞姿輕盈奔放，向龍神唱讚歌、念頌詞、跳舞、上香焚紙，保佑村民人壽年豐。軍舞即古代藏族軍隊舞蹈，舞者左手執弓，右手持劍，頭戴圓形紅頂絲墜帽，身佩紅綠彩帶，頭戴虎豹面具，高喊「喔哈、喔哈、喔哈」的口號，舞出兩軍交戰的場面，表演威武剽悍。

　　在神廟前的廣場上，數十名藏族男子舉著彩旗和唐卡畫像，身披彩色哈達，手持繪有龍及八寶圖案的面鼓，一邊擊鼓，一邊變換著隊形舞蹈。這是「神舞」。據介紹，不同的舞蹈動作和隊形有不同的涵義，如「拉什則」即請神，由法師率領舞隊煨桑，並面向煨桑臺高喊「拉甲洛、拉甲洛」，歡呼萬能的神取得了勝利；「唐尕西哈德」即白雕展翅，是舞者模仿藏族人所崇敬的白雕的凌空飛翔；「東尕也切」即右旋海螺，跳舞時隊形模仿右旋海螺盤旋扭身，形

似白海螺，而白海螺是藏人眼中的吉祥之物……表演神舞時，身著盛裝的少女款款出場，引起滿堂讚歎。這個華麗而莊重少女群舞藏語稱為「嘎爾」，據說是就由西王母娘娘編創並獻給十三戰神的那套舞蹈。這個舞蹈從頭至尾只有一種同樣的舞步，先緩慢莊重地向前走三步，然後向四方敬獻哈達。越來越多的人加入舞隊，上百人排列整齊，模仿右旋白海螺的樣子，不斷變換著隊形。這樣的神舞，四合吉村一直要跳 3 天，每天都重複同樣的動作。最後一天下午，所有的舞蹈都跳完了，所有人都整齊地排列在神廟前，所有的供品都被分到每個人手中捧著，法師站在廟門的臺階上潑灑酸奶和酒，眾人齊聲高呼，然後排隊走上煨桑臺，把所有供品全部倒入火堆。在漫天的煙霧中，印有寶馬馱經等的眾多奔馬的雕版木刻紙符「隆達」〔註60〕四處紛飛，海螺聲悠長而蕭穆，藏民們把最好的獻祭全部獻給了神。

據說，熱貢六月會最具特色的活動是「上口扡」、「上背扡」和「開山」。「上口扡」是法師為自願的年輕人在左右腮幫扎入鋼針，也稱為「鎖口」，據說此舉可防止病從口入。「上背扡」是將10～20根鋼針扎在脊背上，舞者赤裸上身，右手持鼓，左手擊鼓，邊敲邊舞。「開山」是法師用刀劃破自己的頭頂，把鮮血撒向四面八方，這是一種古樸奇特的祭天方式。但這類表演，我們沒有看到。

按照當地朋友給我們的時間表，熱貢六月會是一個在同仁地區互嵌式流動接龍的大型節日。農曆六月十六至二十二日，在四合吉開場，主要活動項目18項，跳神舞；接下來，農曆六月十七至二十四日，輪到保安卜莊，主要活動項目24項，跳軍舞；農曆六月十八至二十四日，年都乎村，主要活動項目24項，跳神舞；農曆六月十九至二十三日，郭瑪日村，主要活動項目23項，跳軍舞；農曆六月十九至二十四日，尕沙日村，主要活動項目24項，跳軍舞；農曆六月二十至二十五日，吾屯村，主要活動項目24項，跳龍舞；農曆六月二十至二十四日，浪加村，主要活動項目22項，跳龍舞；農曆六月二十至二十五日，鐵吾村，主要活動項目23項，跳龍舞；農曆六月二十至二十五日，加倉瑪村，主要活動項目21項，跳龍舞；農曆六月二十一至二十五日，蘇和日村，主要活動項目25項，跳神舞；農曆六月二十一至二十四日，麻巴日扎村，主要活動項目23項，跳軍舞；農曆六月二十一至二十五日，霍日加村，主要活動項目25項，跳龍舞；農曆六月二十二至二十五日，麻巴扎木日村，

〔註60〕一種火柴盒大小、印有寶馬馱經等的眾多奔馬的雕版木刻紙符。

主要活動項目 24 項，跳神舞；農曆六月二十二至二十五日，麻巴東干木村，
主要活動項目 24 項，跳神舞；農曆一月三至九日、六月十六至十九日，江什
加村，主要活動項目 19 項，跳神舞；另外，在農曆一月三至九日，扎毛村、
瓜什則村、多哇村、雙朋西村，也要跳神舞。〔註61〕

熱貢六月會神舞。青海省黃南藏族自治州同仁縣，2006，鄧啟耀攝

熱貢六月會參加舞蹈的盛裝少女。青海省黃南藏族自治州同仁縣，2006，鄧圓也攝

〔註61〕本田野筆記由筆者根據現場觀察和當地朋友及民俗網頁介紹整理。

手持面鼓的男孩和看熱鬧的群眾。青海省黃南藏族自治州同仁縣，2006，鄧圓也攝

藏區的插箭，掛風馬旗和拋撒隆達。甘南、青海一帶，
2011，李旭攝

田野考察實錄：內蒙蒙古族祭「敖包」

「敖包」是蒙古語，係蒙古語族和滿——通古斯語族的人們的稱呼，原意

為土包或堆砌物。可直譯為「凸起的堆砌物」，是蒙古族最古老的宗教活動場所之一。築敖包要選擇陽光充足的山頂或山崗，用土或石塊堆成小冢，形狀有圓錐體的，也有方體的，或有幾重層級。敖包頂上要插樺樹或柳樹枝條，此謂神樹，神樹上掛有五顏六色的鮮豔布條。「敖包」堆高矮不等，有大有小，根據底徑的大小來判斷敖包的規模。大敖包一般高約 10 米，底寬 20 米左右，小敖包高約 3 米，底寬 5 米左右。〔註62〕

「敖包」原來是供祭山神的地方，後來演變成包羅許多自然崇拜內容的祭祀場所。蒙古族的「敖包」所祭的神有天神、土地神、河神、風神、羊神、牛神、馬神等，每年按季節定期供祭，由薩滿司祭，祈求人們安寧和生產豐收。

敖包這種原始祭壇式建築不僅影響著蒙古族建築藝術的造型及樣式，而且也影響了他們原始的色彩偏好和早期宗教等文化活動中的色彩審美訴求。不同的民族對色彩的不同認識理解以及由之形成的色彩個性都具有強烈的民族審美意識。對一個民族而言，無論是民族群體還是個體成員，對於色彩的偏愛自始自終都是一種情感寄託的符號。

蒙古族對色彩的認識帶有強烈的感情意識，蒙古族在祭敖包時，在敖包上插上樹木枝葉後，要掛上印有吉祥圖像及經咒的彩布條來裝飾，這種「五顏六色」、「美布」、「彩布」都指蒙古族對色彩的偏愛而言，現在草原上祭敖包時，在神樹上掛彩布顏色就更豐富了，使人感到眼花繚亂，但我們從「祭敖包」裝飾樹的本意去探究，按照它祭天祭地祭大河等來認識，這種彩布當初有紅、黃、藍三種顏色，這三種顏色與蒙古族早期的生活環境、生產方式有著密切關係，同時也與他們對大自然認識及自然崇拜有密切關係。因為藍色代表天和水（即祭天、祭大河），紅色代表火（祭火），黃色代表地（祭山石、祭大地），這樣就形成了蒙古族最古老的原始色彩學。

在蒙古族的色彩觀念中，有些色彩具有特殊的含義。它們長久以來都影響著蒙古族的色彩用法。對色彩的好惡是在不同生活環境、不同風俗習慣影響下形成的。蒙古族所崇尚和忌諱的顏色，正是歷史上逐漸形成的。從蒙古史書和文學作品可以發現，蒙古族很早以來相沿至今所尊崇的色彩就有白、藍（青）、三種，黃色也在崇尚之列。而黑色則被忌諱。這些傳統習慣一代一代相傳，現在仍保留在廣大牧民生活之中。

〔註62〕歐軍：《蒙古族文化解讀》，遠方出版社 2003 年版。

　　蒙古族非常喜歡藍色（青色）。根據史料，蒙古祖先立國時曾給國家取名
為「藍色的蒙古國」，用藍色的織物做國旗，並把行進在國旗下的軍隊稱作
「藍旗軍」。同樣，把汗王的城市稱作「青城」，把汗王的宮殿稱作「青宮」，
把蒙古的史乘稱作「青冊」、「青史演義」等等。凡給與軍政活動有關的事物
取名時，常冠以「藍（青）色」一詞。因為對藍色的尊崇最早可以追溯到古
代薩滿教對天神的膜拜。天空蔚藍，寬廣無邊，象徵著天神的威嚴和永恆。
勇士引為驕傲的「碧血」、藍色軟緞的蒙古袍、氈毯、牆圍，器皿上的藍色圖
案等，都體現了蒙古族對藍色的喜愛。這種冷色往往同崇高相聯繫，引發的
美感主要是凝重、沉靜、平和、剛健、博大。在文學作品和口語中，蒙古族
在形容自然風光優美或讚揚東西的質地優良、令人喜愛之際，也常使用藍
（青）色一詞。蒙古族學者羅布桑卻丹在《蒙古風俗鑒》中說：「論年光，青
色為興王，黃色為喪亡，白色為伊始，黑色為終結。因此蒙古人把青、白兩
色作為頭等重要的色彩來使用。」〔註63〕

　　太陽由於給人類以光明和溫暖，萬物生長靠太陽，因而紅色成為北方阿爾
泰語系各民族普遍崇拜的對象。紅色作為與原始生命同一的顏色，由於與人類
生命共生的歷史積澱，具有最明顯的激起人的生命情感的力量。蒙古族對紅色
的喜愛也由來已久，認為它溫暖親切，象徵著幸福勝利和親熱。根據史料，它
被當作蒙古族的標誌，用於帽纓、手釧等物。這同蒙古族崇拜火是相通的，火
在過去、現在和將來永遠熊熊燃燒。爐灶之火則表示國家和家族世世代代繁榮
興旺。紅色的太陽是古代蒙古國家的象徵。因此紅色在蒙古族現實生活中使用
頻率很高。

　　蒙古族有這樣的說法：金色是美好的顏色，它能夠代表所有的基本顏色。
在古老的神話中，黃金壺是民族始祖誕生的地方。成吉思汗的嫡系號稱「黃金
家族」，被視為蒙古民族的正宗。蒙古族還有這樣的習俗：授予他人以表示權
力的文書，均用黃綢緞或黃紙來書寫，藉以表示那種文書的尊貴。黃色在明以
後通常被理解成宗教感情的符號。黃教在蒙古地區興盛之後，黃色成了佛教光
輝神聖的標誌。佛像以金色塗身，活佛喇嘛披戴黃色袈裟，佛經以黃布包裹珍
藏。可見黃色對世俗生活以致民族審美感情發生了深刻的影響。

　　蒙古人還一向喜愛草綠色，因為草木返青，對飼養瘦弱牲畜熬過了嚴冬的

〔註63〕 （蒙）M・圖亞著：《蒙古古代建築藝術中的色調》，張文芳譯《蒙古學資料與
　　　　情報》1990年第2期。

牧人來說，它預告著復蘇與豐收；沙漠綠洲，對於口乾舌燥的旅人來說，它帶來了生的希望。綠色激起的審美愉快，同樣是和人的物質需求息息相關的。

「敖包」的形成，是蒙古族早期時期的原始信仰意識的反映，在鄂溫克、鄂倫春、達斡爾等民族中也有存在。敖包和敖包祭祀是蒙古族傳統信仰文化的集大成者，也是北方草原文化最具代表性的原生態文化遺存，是一種集原始自然崇拜、祖先崇拜、薩滿教、佛教信仰和現代文明等多元文化因素為一體的複合性文化載體。自古以來，敖包祭祀對草原族群的凝聚力和文化認同感的加強，草原文化共性特徵的形成起到不可替代的特殊作用。究其原因，在這些民族中，「敖包」、「敖包祭」信仰方式的產生應該與這些民族所生活的自然環境有關，與他們所從事的原始狩獵生產方式也有關。〔註64〕

「敖包」節賽馬。新疆特克斯，2014，鄧啟耀攝

風馬旗圖樣。

「敖包」節誦經儀式和煨桑。新疆特克斯，2014，鄧圓也攝

〔註64〕本田野筆記來自中山大學蒙古族學生都蘭的敘述，以及鄧圓也、鄧啟耀參加新疆維吾爾自治區伊犁哈薩克自治州特克斯縣蒙古族敖包節的短期觀察。

田野考察實錄：雲南劍川石寶山歌會中的宗教活動

雲南劍川石寶山歌會期間，幾乎每個寺廟都有阿吒力組織和人員活動。在歌會開始的一星期前，掌頭大法師就通知各會員上山，會員們安排好自己的家庭事務帶上生活用品就相約來到山上。到了山上後在歌會開始的兩天就開始做祈福消災的法事。每個寺廟正殿裏阿吒力壇場布置得頗為隆重，以海雲居為例，壇場從普通的設內外壇換成了「擺五方」。擺五方就是除慣有的外壇之外，按照東南西北中的方位設五張供桌。正中供「聖誕會上諸佛菩薩」牌位，紅燭 8 隻，四色禮一份、茶三杯、酒三杯、齋飯三碗、糖果一盤、瓜子一盤、餅乾一盤，法事用的金剛鈴、柏枝、降魔印、鈸。西方供奉的是「西天東土歷代祖師」牌位及畫像。祖師身著紅色袈裟，盤腿打坐，眉毛漆黑濃密，絡腮胡，捲頭髮，畫像旁邊書對聯「誦經保平安 消災增福壽」。東方供奉的是「東土歷代祖師」，南方的是「南天東土歷代祖師」，北方的是「北天東土歷代祖師」，畫像人物的衣著屬於中國古代王者服飾，頭戴王冠，手拿朝笏，腳穿黑色靴子。東方和西方供桌上方懸掛用粉色、黃色、紅色三色拼成的城門圖形，稱為「天門」。西方的兩道門上書「天門」、「地戶」，東方的兩道門是「魂路」、「出恭」，所書字體基本於畫符的筆法一致。圍繞「魂路」懸掛的條幅是：奉請西方王、廣目大天王，由是大龍王，結成蓮花界。「出恭」旁邊的是：奉請北方主、多聞大天王，由是樂義主，結成韜魔界。圍繞「天門」的是：奉請西方主，增長大天王，由是巨沛龍，結成灌頂界。「地戶」旁邊是：奉請東方主，持國大天王，由是彥達縛，結成金剛界。正前方懸掛的門是「出恭」「入敬」，「出恭」旁邊的條幅是一報天地蓋載恩，二報日月照臨恩，三報國家水土恩，四報父母養育恩，春多吉度息災殃，夏保安寧壽延長，秋免三災增福壽，冬保穀畜財豐旺。「入敬」旁邊是：一為天龍八部眾，二為人民壽無疆，三為合壇增福壽，四恩三有盡沾恩。外壇供桌上共有五條幡：「中央世界法信佛如來」、「北方世界成就佛如來多聞天王黑帝大將軍」、「南方世界寶相佛如來增長天赤帝大將軍」、「東方世界阿彌佛如來持國天王青帝大將軍」、「西方世界壽尊佛如來廣目天王北帝大將軍」。通往正殿門的兩邊懸掛道德規範：

右戒語：凡我淄流同演諧恭，秉心勵節寫字者，字樣端正，不可遺錯洗補。進奏朝聖者不可笑語喧嘩，表白者高聲朗奏，句逗分明，不可相連。主儀者依經諷誦密語不可減省，不蹈清規，分裂二為戒。

左籤規：一凡我齋主精白一心原非二年，朝拜者五體投地不可左顧右盼。送饌者，天齋者務需潔淨，不可先嘗後獻。侍奉香燭者，淨一巡察，不可懶惰睡眠，欺心上天。

法壇設置好後，第一天談演《開壇法事》，請各類神佛光臨法場。後面幾天有信士來寺廟裏捐功德、請求消災、求壽、求子、超度亡靈等等就專門為他們談演祈福消災法事。阿吒力組織的後勤和總務人員負責備辦伙食，招待來寺裏的客人，每餐收費 5 元。

金頂寺則是劍川的舍由們集中匯合的日子，舍由們也早早來寺裏住下，為人們尋找逝去親人的亡魂，賺取可觀的收入。當地舍由被稱為「劍川十八姊妹」，互相之間以姐妹相稱。沒有人來的時候姊妹們座在一起聊天拉家常，顯得無比開心。

若當年有人亡故的家庭，會選擇在石寶山歌會時帶上米、肉、菜、香和紙錢來金頂寺找舍由問祖。很多村民也會帶上香和紙錢到各寺廟燒香，捐點功德錢，祈求消災免難。〔註65〕

3. 南傳上座部佛教

雲南與東南亞接壤地區的傣族、阿昌族、布朗族、德昂族等民族普遍信仰南傳上座部佛教，賧佛習用剪紙，紙符類作品不太多見。但民間也會使用一些紙符或布符，如貼在大門的擋煞符、護身的護身符、求愛的戀符等。這類紙符或布符多由佛爺用筆繪製，如有印製的，似乎也像石印之類。這裡謹以目前所見，列一點作為對照參考。

〔註65〕本項目成員，中山大學人類學博士、大理大學民族文化研究院副研究員杜新
　　　　燕調查撰寫。

傣族人家院門上的辟邪圖符。雲南盈江繁猛，2018，鄧啟耀攝

「發雅音」

傣語「發雅音」意為擋災避難。將此符貼在門口，把對家屋不利的事物擋在門外，如災禍、危難、小人、不好的運氣等。

發雅音。雲南普洱孟連

四佛八靈避三難

在傣族的日常生活中，把生病、丟失東西和遇難稱為「和桑展」（三種災難）。為避此難，在符上印或繪鼠、龍、虎、麒麟、豬、鷹、牛和象八種靈獸圍在八面，四佛鎮住四方。把此符貼在家裏，可保平安。

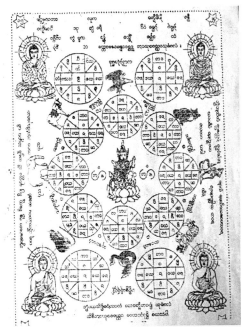

四佛八靈避三難符。雲南普洱孟連

三、民間信仰諸神

　　民間信仰諸神神系十分龐雜，有的來自上古神話，有的是地方神靈，有的佛道儒三教混處。很多神靈，如果離開當地語境，就茫然不可知。

　　民間能夠參與各種法事的人，主要是一些年紀大的老人，以女性居多，一般稱呼她們為「齋奶」。如果鄉親有「事」要做，她們都會去幫忙。遇到做會，她們更是必到。她們用扁擔挑上供品紙符之類，到做會的地方忙忙碌碌。她們說：「板凳有腳不會走，扁擔無腳走四方。我們是到處走的人，有事就來串玩。」問到跟誰學，她們說：「說不清楚，這個事情，個個都有老師，個個都是老師，你跟著來就會了。我們不是道士，是他們的傳人，靠念經吃飯。我們齋奶，忙一天才 10 元。遇到大的法事，要請土公土母來唱，36 元一個人，還送一盒糖。」〔註66〕

　　從她們的敘述裏，我們知道，參加做法事的人，大致也有幾個等級。「先生」大多能寫會念，負責主持法事和書寫疏表文誥抬頭文字；「齋奶」協助做

〔註66〕講述人：雲南巍山廟街鄉繫馬椿村鄭和英（人稱阿橋姐，64 歲），訪談時間：
　　　　2001 年 7 月 19 日。

一些折疊紙元寶、封裝文書、焚燒紙符之類雜活；還有一種叫「土公土母」的，能唱會做，重大的儀式才出場。

民間信仰的神靈系統十分複雜，幾乎就是萬物有靈（詳見本書各章內容）。不同神靈的來源複雜，儒道佛和民間信仰雜糅，各神靈的性質、職責和脾氣都各不相同。符像，有神鬼靈異之像，也有人祖命魂之像（如「替身馬子」）。齋奶說：「馬子（紙符）上的像，正直的是神，不正直的是鬼。」

盤古沖分母為君

盤古開天闢地的神話在很多民族中都有流傳，瑤族等還專有廟宇祭祀盤王（常與盤瓠混）。

盤古沖分母為君。雲南洱源〔註67〕

三教聖母

三教聖母。雲南玉溪〔註68〕

〔註67〕 本圖自趙寅松、楊郁生主編：《中國木版年畫集成‧雲南甲馬卷》（集成總主編馮驥才），中華書局2007年版，第188頁。

〔註68〕 本圖自趙寅松、楊郁生主編：《中國木版年畫集成‧雲南甲馬卷》（集成總主編馮驥才），中華書局2007年版，第189頁。

眾神

　　對於不同儀式專請的神靈來說，「眾神」是個泛指，包括自然神、祖先神、陰界、上天諸神等。無論舉行什麼儀式，凡酬神還願，必得用眾神紙符，特別是比較大的儀式，需要迎請八方神靈。除了具體點到的大神，還有諸多神靈未及一一念到，恐有怠慢，故必用「眾神」紙馬，以免遺漏某神某靈，有所得罪。所以，每次儀式都加一個「眾神」紙符，方可做到萬無一失。據雲南騰沖紙火鋪老闆說，「眾神」起盤子用，酬願也要祭獻。其中一神扛著「清吉平安」的牌子，送出就好。

眾神。雲南騰沖

眾神。雲南騰沖

眾神。雲南騰沖

眾神。雲南保山

眾神。雲南保山

眾神。雲南昆明

眾神。雲南巍山　　　　　　眾神。雲南巍山

眾神。雲南大理　　　　　　眾神。雲南德宏

全壇神馬

全壇神馬類似「眾神」，也是起到全請眾神，避免遺漏的作用。

全壇神馬。雲南大理　　　　全壇神馬。雲南大理

接神馬和送神馬

接神馬。廣東廣州　　　　　　　　送神馬。廣東廣州

巡神

巡神。雲南玉溪

地方神靈

　　民俗雕版木刻符像中很多地方性神靈、土主或本主，不在佛道神靈系統中，而都與當地不同民族的民間信仰有關。很多神靈，與當地特有風物和神話傳說有關。只有瞭解這些文化背景甚至方言，才可能認知其特定的神靈系統、來源及功能。以下神靈未知來由，暫列地方神靈中。

千花（？）。雲南昆明

千花（？）。雲南昆明

三（？）大地。雲南保山

（？）。雲南保山

羊咒相公羊咒奶奶之神。
雲南大理

九品科。雲南昭通〔註69〕

男女先鋒。雲南陸良〔註70〕

三山趙侯。雲南陸良〔註71〕

〔註69〕 本圖採自趙寅松、楊郁生主編，《中國木版年畫集成·雲南甲馬卷》（集成總主
編馮驥才），中華書局 2007 年版，第 310 頁。

〔註70〕 本圖採自趙寅松、楊郁生主編：《中國木版年畫集成·雲南甲馬卷》（集成總主
編馮驥才），中華書局 2007 年版，第 308 頁。

〔註71〕 本圖採自趙寅松、楊郁生主編：《中國木版年畫集成·雲南甲馬卷》（集成總主
編馮驥才），中華書局 2007 年版，第 308 頁。

披髮祖師。雲南玉溪〔註72〕　　五郎靈神。雲南施甸　　五郎。雲南梁河〔註73〕

應山哥。雲南玉溪　　應山哥應山老母。雲南玉　　靈光。雲南玉溪
　　　　　　　　　　溪〔註74〕　　　　　　　　〔註75〕

九子母等。雲南昆明　　　　　黑神。雲南騰沖

〔註72〕　本圖採自趙寅松、楊郁生主編：《中國木版年畫集成·雲南甲馬卷》（集成總主
　　　　編馮驥才），中華書局 2007 年版，第 306 頁。
〔註73〕　兩圖採自趙寅松、楊郁生主編：《中國木版年畫集成·雲南甲馬卷》（集成總主
　　　　編馮驥才），中華書局 2007 年版，第 306 頁。
〔註74〕　兩圖採自趙寅松、楊郁生主編：《中國木版年畫集成·雲南甲馬卷》（集成總主
　　　　編馮驥才），中華書局 2007 年版，第 270 頁。
〔註75〕　本圖採自趙寅松、楊郁生主編：《中國木版年畫集成·雲南甲馬卷》（集成總主
　　　　編馮驥才），中華書局 2007 年版，第 193 頁。

阿姑（？）老祖。雲南昆明　　　（？）天神廟。雲南昆明

地方名山祖師

棋盤山、蓮花峰和盤龍寺，都是昆明郊區的靈山名寺，信眾去上香，就需要祭拜這裡的祖師和神佛。

棋盤山祖師。雲南昆明　　盤龍祖師。雲南昆明　　蓮峰祖師。雲南昆明

地方神祇邪靈

以下多為地方性的神祇或邪靈，有的屬於眾所周知的道教神靈，更多的是不明出處的禍祟邪靈。它們一般被整體列在一大張白紙上，上面統書「五方龍土禍穢」。

五方龍神　　　　虎頭將軍　　　　夢夢河　　　　九子娘娘

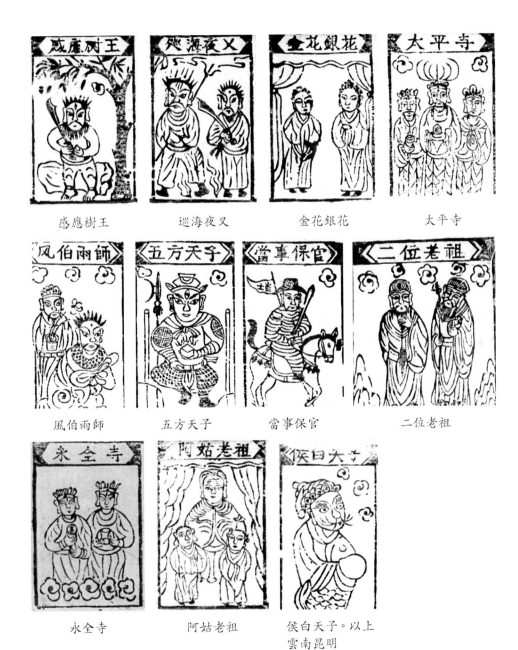

感應樹王　　　巡海夜叉　　　金花銀花　　　太平寺

風伯雨師　　　五方天子　　　當事保官　　　二位老祖

永全寺　　　阿姑老祖　　　侯白天子。以上
雲南昆明

邪靈類。雲南昆明

邪靈類。雲南昆明

刀山血山。雲南昆明　偷生二鬼。雲南昆明　照光司。雲南昆明　血湖主君。雲南昆明

二位老老。雲南昆明　槍炮傷亡。雲南昆明　九聖母。雲南昆明

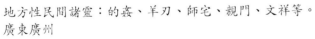

地方性民間諸靈：的姦、羊刃、師宅、親門、文祥等。
廣東廣州

摩王。雲南民族博物館
展品